チェコの
体制転換プロセスと
直接投資

池本修一 著

文眞堂

はしがき

　本書で論じる中欧諸国における日系企業の投資状況調査に関して，最初のきっかけは，2002年秋の外務省東欧課からの一本の電話だった。チェコに多くの日系企業が進出したので調査してほしいというものであった。本書付録の企業訪問記録にあるように2003年2-3月にその調査のためにチェコに出張した。その最初の調査研究から10年経過し，ここにその中間報告を記録するために本書を上梓することを決めた。

　著者は，中東欧の地域研究を志す者であるが，トヨタなどの日本の企業研究を学生時代に勉強したことがなく，経営学の初歩も学んでいない。ましてトヨタ生産方式という言葉も，聞いたことはあったが，当時は本当に理解できてはいなかった。当該研究は，本当に手さぐりからはじまった。もちろん日本企業の海外進出の実態調査は，すでに多くの研究成果が世に出されているが，ことロシア・中東欧地域での日系企業研究に関しては，東京大学・帝京大学の安保哲夫教授グループによる膨大な実証研究と東京大学の藤本隆宏教授グループによる生産アーキテクチャからの研究がその理論的な支柱の1つとなっている。それ以外にも多くの計量分析による研究が内外で発表されている。

　研究を続けていくうちに，2つの出会いがあった。1つは藤本隆宏・東京大学教授の研究である。モノづくりに視点をおいて，世界のモノづくりを，モジュールタイプとすりあわせタイプに分類する画期的な比較経営思想である。人を介して藤本教授にお目にかかった。

　数回にわたって藤本教授からの研究助言を頂戴し，藤本教授から宿題を賜った。それはロシア・中東欧諸国は，日本型すりあわせ型生産が可能であるか，中国のようにモジュラー型生産を得意とする地域なのか，それともそれが混在する地域なのかを調査することであった。ベトナムのような「低コスト」多能工によるすりあわせ型生産が可能かどうかをしきりに問われていた。池本の研究関心はここに出発点があるし，残念ながら藤本教授の「宿題」にこたえる途

上にある。チェコ，ハンガリー，スロバキア，ポーランドではベトナム型の「中コスト」多能工によるすりあわせ型生産が可能との直感にちかい印象がある。これに対してロシア，ウクライナなどはモジュラー型生産が適しているように思えるが，個人的に現地調査もできず，その確たる論証ができなかった。ブルガリアやルーマニアなどはその中間地域と位置付けることができるようにも思えるが，やはり現地調査はかなわず，その判断基準を明確にできなかった。

2つ目の出会いが田中宏・立命館大学教授である。1988年にハンガリー西部の都市ジュールで開催された経済改革に関する国際シンポジウムで初めてお会いした。世界中から著名な改革派エコノミストが集結し，ソ連型社会主義の「先」について議論するものであった。チェコでは，のちにチェコ共和国大統領になるクラウスが，1968年以来20年ぶりに学会に復活してスピーチした歴史的に重要なシンポジウムである。彼は旅行と称してジュールの会議に参加し，そこでの資料は，シンポジウム終了後に当時大使館員だった著者がプラハまで運んだことを記憶している。田中教授もコメコン内貿易に関して発表するために参加したと記憶している。田中教授は当時からソ連・東欧内の生産ネットワークに一貫して興味を有しており，体制転換後も当該地域の生産ネットワークの再構築に興味をお持ちである。著者の調査は2003年から始まったが，2004年からはじまった下記の田中プロジェクトで本格的に田中教授と共同で調査研究を開始したといって過言ではない。

すなわち本研究は、おもに，平成16年度〜平成18年度・科学研究費補助金（基盤研究（B）「拡大EUにおける4タイプの企業の多国籍化にかんする実証比較・理論の国際共同研究」（代表者　立命館大学・田中宏）および平成22年度〜平成24年度・日本大学経済学部産業経営研究所研究プロジェクト「中東欧における日系企業の日本的経営・生産方式の適応研究」（代表者　日本大学・池本修一）の成果である。

繰り返しになるが，本書は現地調査に徹したチェコの日系企業調査研究の中間報告である。藤本教授の宿題はおろかチェコにトヨタ生産方式が適応可能かどうかも，明確に答えることができない。しかしながら，日系企業を訪問した中東欧研究者なら同じ印象を持つのではないだろうか。工場内に入った途端，生産管理が徹底した「小宇宙」がそこにある。この調査は奥が深く，あまりに

も魅力的で抜け出すことができないかもしれない。チェコ人が，ポーランド人が，ハンガリー人がかつての社会主義国において，それも真新しいグリーンフィールドの工場の中で，「日本的生産方式」の下で働いているのである[1]。

　おそらく社会主義体制を知らない若年労働者を一から教育すれば，日本的生産方式に順応した労働者を育成することができるであろうし，実際にそのような労働者を雇用し育成していた。そうであれば少なくとも中東欧，ロシア西部であれば，藤本教授のいう「すりあわせ型」のモノづくりが可能かもしれない。ここに日本的生産方式の普遍性をはらんでいるかもしれない。ただし部品が多い業種の場合は，生産ネットワーク全体のすりあわせも必要になるので，さらなる調査が必要であろう。すべての部品を日系企業から調達することは難しい。

　すでに著者は田中教授と上記研究プロジェクトの成果を上梓したばかりである。本書は，前述のとおり，その成果の基礎となるこれまでの調査報告集および10年間に及ぶ企業調査メモを記録として残す必要があると判断し出版を決意した次第である。

　初出掲載物は以下のとおりである。各章ともに大幅な加筆修正を行った。それぞれ独立して発表したものなので，相互に重複する内容も含んでいる。
第1章　池本修一「チェコの老齢年金改革：ポスト福祉国家の構築」『日本大学経済科学研究所紀要』日本大学経済学部，2014年。
第2章　池本修一・松澤雄介『図説チェコ，スロバキア経済』東洋書店 2015年。
第3章　池本修一「チェコにおける日系企業投資：自動車産業を中心に」『日本大学経済科学研究所ワーキングペーパー』日本大学経済学部，2011年。
第4章　池本修一「チェコのトヨタ系企業の投資動向」『日本大学経済科学研究所ワーキングペーパー』日本大学経済学部，2013年。
第5章　池本修一「チェコにおけるトヨタ系企業の投資動向とトヨタ生産方式に関する一考察」，池本修一・田中宏編著『欧州新興市場国への日系企業の進出』文眞堂，2014年。

　出版にあたり文眞堂の前野弘太編集課長には，きわめて限られた時間での出

版を快諾していただき感謝に堪えない。著者の無能と怠惰のせいで原稿執筆が長引いてしまった。ご迷惑をかけてしまった。ここにあらためて深く感謝する。研究対象国が異なるものの，田中宏・立命館大学教授は，10年近く同様のテーマで研究をご一緒していただいた師であり同志でもある。またチェコの多くの日系企業調査が実現できたのは，チェコインベスト顧問の中越誠二氏のおかげである。本研究は中越氏の協力なくしてできなかったであろう。最後になるが，本書は日本大学経済学部より出版助成を頂戴した。ここに深く感謝する。

2015年2月19日　プラハにて
池本修一

1　ブルノのダイキン工場見学直後に訪問したZETORトラクター工場は，かつての旧社会主義体制の雰囲気をそのまま残す工場であった。数キロの距離に全く異なった別の小宇宙があった。

目　　次

はしがき ………………………………………………………………………… i

第1章　欧州の福祉国家レジームとチェコ ……………………………… 1

1.1　はじめに ……………………………………………………………… 1
1.2　欧州の福祉国家像 …………………………………………………… 1
1.3　多様な資本主義，福祉国家レジームによる国家類型化の系譜 …… 7
1.4　国家類型論の整理と中欧諸国：おわりにかえて ………………… 12

第2章　チェコ経済の概観 ………………………………………………… 18

2.1　はじめに …………………………………………………………… 18
2.2　体制転換25年 ……………………………………………………… 19
2.3　経済構造 …………………………………………………………… 22
2.4　マクロ経済動向 …………………………………………………… 23
2.5　対外直接投資転換の背景 ………………………………………… 25
2.6　おわりに …………………………………………………………… 29

第3章　チェコの対外直接投資と日系企業1
　　　　：日系企業進出ブーム期 ………………………………………… 32

3.1　はじめに：概観 …………………………………………………… 32
3.2　投資インセンティブ ……………………………………………… 34
3.3　企業訪問と聞き取り調査（2003年） …………………………… 35
3.4　日本企業の直接投資の特色 ……………………………………… 42
3.5　おわりに …………………………………………………………… 47

第 4 章　チェコの対外直接投資と日系企業 2
　　　　（2010 年－2014 年） ……………………………………… 49

　4.1　はじめに ………………………………………………………… 49
　4.2　対外直接投資と日系企業 ……………………………………… 50
　4.3　トヨタ生産システムと TPCA ………………………………… 52
　4.4　トヨタ生産方式のチェコへの適応 …………………………… 58
　4.5　チェコの問題点 1：国民性 …………………………………… 61
　4.6　チェコの問題点 2：日本的経営生産方式 …………………… 64
　4.7　チェコの問題点 3：欠勤率 …………………………………… 67
　4.8　おわりに ………………………………………………………… 69

第 5 章　チェコのトヨタ系企業の投資動向：まとめにかえて ……… 72

　5.1　はじめに ………………………………………………………… 72
　5.2　トヨタ生産方式 ………………………………………………… 73
　5.3　トヨタおよび他社との関係 …………………………………… 81
　5.4　雇用・給与体系 ………………………………………………… 84
　5.5　人事の現地化 …………………………………………………… 86
　5.6　欠勤率・離職率 ………………………………………………… 87
　5.7　国民性 …………………………………………………………… 88
　5.8　おわりに ………………………………………………………… 89

付録：企業訪問記録 ……………………………………………………… 93

第1章
欧州の福祉国家レジームとチェコ

1.1 はじめに

　チェコ共和国（以下，チェコ）ではミロシュ首相内閣が2013年6月に総辞職し，同年10月下旬に総選挙があり，社会民主党が市民民主党から政権を奪還し第一党となった。しかし議席は26％と過半数に達せず共産党など左派中道政党との連立を模索中である。さらに，社会民主党内では副党首と大統領との秘密会談が明るみに出て，党執行部5名が党首の辞任を画策したことが露呈し，社会民主党内部の主導権争いが続いたため，連立内閣成立が翌年2月までずれ込む異常事態となった。

　1980年代からチェコをはじめとした中欧諸国を研究してきた著者にとって，東欧革命から25年をも経過し，10年前にEU加盟を果たした民主国家であるはずのチェコが，いったいどのような国家を目指そうとしているのだろうか，疑問に思った。

　本章では，まずポスト福祉国家論を整理し，ビシェグラード諸国が体制転換プロセスでどのような国家を目指そうとしているかの道標を探る。

1.2 欧州の福祉国家像

　2013年9月17日に，オランダのアレクサンダー国王は，2014年政府予算案提出の際に議会演説で「20世紀型の福祉国家は終焉し，『参加型社会』へとってかわる」とスピーチした。国王の演説後に提出された2014年予算は，財政赤字削減のために60億ユーロの追加緊縮策が盛り込まれ，社会保障予算が大

幅に削減される見通しとなった。EU 諸国はリーマンショック後に経済状況は好転せず，2013 年にはギリシャ，イタリア，スペインなどで経済危機が露呈した。

オランダはキリスト教民主主義の影響を受けた大陸型福祉国家に属し，男性稼得者の所得保障を中心に，非営利組織の役割は大きい。オランダは雇用に大きな弱点を持った大陸型福祉国家の例外に漏れず，近年まで就労不能保険制度を活用した労働力削減策以外に有効な雇用維持政策を持たなかった，ところが，近年のオランダでは，政労使の中央協議制を基盤として，パートタイム労働を「てこ」とした女性の労働市場参加や就労不能保険の見直しなど，雇用拡大を軸とした大胆な福祉国家改革を重ねてきている。水島は，一見社会民主主義レジームへの接近とも見えるこの変容において，男女が平等に就労と家族ケアを組み合わせて担い，これを非営利組織がサポートする独自の新たなレジームが進んでいる可能性を指摘している［水島（2002）］。

もともと欧州では，第1次世界大戦後に議会制民主主義が広く普及し，民主主義を国民の利害・利益を最大化することを保障するものとして，政治システムの基本という共通認識がある。と同時に多様性・少数派意見を尊重することとともに，各国の保守派でさえ国民の最低限の生活を保障する制度いわゆる福祉国家の形成に，各国の制度に相違はあっても共通の認識があった。EU の社会保障政策も，たとえば年金政策では，① 社会目標との整合性・適正化（adequacy），② 財政的持続可能性（financial sustainability），③ 新たな社会状況に制度を改革・近代化（modernization）を共通目標としている。特に上記①の適正化に関しては，下記3つの目標を掲げている［EU White Paper（2012）］［EU（2012）］。

(1) 市民の見苦しくないまっとうな生活水準（decent standard of living），経済的便益（稼得）のシェア，公共，社会，文化的な生活への参加する権利と能力を保証する。
(2) 市民が最低限の生活を維持できる適切な年金給付を実現する。
(3) 異なった世代間および同世代間との連帯を促進する。

1989 年の東欧革命，1992 年のソ連崩壊で東西冷戦が終焉し，西側諸国は共通するソ連という政治的敵対勢力を失い，国際・国内政治での右翼・左翼とい

う伝統的な2項対立が変質した現代では、この見苦しくないまっとうな生活（decent life）という概念は大きな意味を持つようになる。政治学者のマルガリット Margalit はその著書 "The Decent Society"（1996）の中で、Decent Society という概念を、社会機構・制度が市民を（政治的・経済的に）（著者注）傷つけない社会と定義している。もともと Decent Society は政治哲学の概念であり、人権を保障する社会の形成と容認可能（acceptable）で快適（comfortable）な価値あるいは機構・制度を保障することが前提となっている。そして当然ながら満足できる生活水準の保障もその前提条件となっている［Margalit（1996）］。

日本では、欧州で盛んに議論され EU の社会保障政策の基本概念となっている Decent Society に関して、政治学者・社会保障専門家のグループ「新しい社会保障像を考える会」による提言「新しい社会保障像の構想」（2008）の総論部分で、Decent Society に関して下記のように述べている。

> 社会保障の基本的な目的は、市民相互の連帯によって支えられた国・自治体・地域が、すべての市民に品位ある（decent）生活を保障し、さらに各人がそれぞれの自律した生をおくることができるよう支援することにある。社会保障は、他者の自律した生（生活／生き方）を尊重するとともに、その生が損なわれやすいものであることに配慮する市民相互の連帯によって支えられる。そうした連帯の前提となるのが社会統合である。

また同提言のなかには「品位ある生活」に関して下記のように解説している。

> 「品位ある生活」とは「健康で文化的な」（憲法25条1項）生活あるいは「健やかで安心できる」（1995年社会保障制度審議会勧告）生活の保障という物質的側面とともに、「自尊が損なわれない」という意味での精神的・人格的な側面をも含んでいる。

こうした提言に呼応するかのように、当時の菅直人首相は首相就任後の施政方針演説（2010年6月、2011年1月）や2010年9月の国連演説で「最小不幸社会の実現」を政治目標とすることを表明した。菅は「平成の開国」とともに推進する2番目の国づくりとして「最小不幸社会の実現」、たとえば失業、病気、貧困、災害、犯罪などの不幸な状況を最小限にすることとしている。もともと

この考えは菅の持論であり，2004年の民主党代表選挙でも述べられている。そのなかで国民の生活に必要な最小限の生活は国が無償で提供するという，いわゆるベーシックインカムの考えも表明されていた。

　前述の欧州の伝統的な福祉国家への親和性とDecent Societyの概念や菅直人の「最小不幸社会」の考え方は，ジョン・ロールズの「マキシ・ミン原則」（もっとも恵まれない人々にできうる限りの恩恵を与える原則）と軌を一にしていると思われる。そして自民党政治家が，「最小不幸社会」に対抗して最大多数の最大幸福の実現すなわちベンサムの功利論に沿った批判を展開した。ロールズは，多数の利益を優先すると少数派や弱者の利益が無視されやすい点を重視する。高度成長期を過ぎた欧州や日本では，市場メカニズムに基づく経済政策と社会保障を両立させて，持続可能な機能する社会制度を構築する点では，EUの政策や「最小不幸社会」論は注目されよう。しかしながらオランダ国王の「福祉国家の終焉宣言」は，EUの基本政策からの方針転換を意味し，欧州福祉国家論の根底にあるロールズ流の「分配の正義」思想の再検討が政治レベルで広がる可能性をはらんでいる。なによりも欧州は2000年後半からの経済不況から脱却できず，さらに高齢少子化と財政負担という先進国共通が抱える大きな問題を背後に抱えている。

　ここで注意しなければならないのはロールズの「公正としての正義」原理である。ロールズによれば「無知のベール」によって制約された合理的選択は，特定の利益を代表せず，私利私欲を働かせる余地がなく公正の条件のもとで正義原則が決定される点で，「公正の正義」と名付けた。この正義は，平等な基本的自由の原理（第1原理）と公正な機会均等の原理，格差原理（第2原理）からなる。そのなかで第2原理によって，最も不遇な人々の社会的・経済財が最も大きくなるような再分配が行われることになる。社会保障は，一般的に最も不遇な人々ないしは社会的弱者が遭遇するリスクに対する「保険」としてのセーフティネットとみなされる。また福祉国家に関しては，ロールズは福祉国家資本主義体制を批判し，資本主義における物的および人的資本の不平等分配を所与として，それがもたらす所得の不平等を緩和するために，国家が事後的に再分配を行う体制とする。ロールズの考える福祉国家は，自尊の社会的基礎を設立するための前提として，平等な基本的諸自由と公正な機会均等という2

つの理念に基づいて民主主義制度を整備し，物的・人的資本の不平等分配を軽減するように，さまざまな公共政策を実施することである。第2に自尊の社会的基礎の中核をなす社会保障そのものを消極的・事後的なセーフティーネットから積極的・事前的な制度に転換させることで新たな福祉国家を構築することを論じている。

ロールズ『正義論（改訂版）』の序文には以下のように述べられている。

> 「福祉国家」が掲げる目標は，いかなる人もそこそこの（decent）生活水準以下に陥らないようにすることであり，また全ての人が（たとえば失業手当や医療ケアといった形で）偶発的事故や不運からの一定の保護措置を受け取ることにある。扶助を必要とする人が各期間の終わりに特定される場合，所得の再分配はこうしたねらいにかなうものとなる。

しかしながらロールズは，福祉国家が人々にもたらす不平等をも批判する。

> だがこのようなシステムは，甚大な富の不平等，しかも相続譲渡の可能な富の不平等を許容してしまうかもしれない。この種の不平等は政治的諸自由の公正な価値とは両立し得ないし，大幅な所得格差は格差原理を侵害しさえもする。公正な機会均等を守るために何らかの努力がなされるにしても富の格差とそれが容認する政治的影響力の大きさを考えると，そうした（福祉国家における事後的な所得再分配の）取り組みは十分でないか，さもなければ実効性の乏しいものにとどまるだろう。

さらにロールズは福祉国家の陥穽について，『公正としての正義　再説』(2004) 第42節第3項に以下のように述べている。

> 福祉国家型資本主義においては，その目標は，何人も，基本的ニーズが充足されるほどほどの（decent）最低限度の生活水準を下回るべきではなく，誰もが，たとえば失業補償や医療扶助といった，不慮の事故や不運に対する一定の保護を受けるべきだということである。所得の再分配がこの目的に役立つのは，各期の終わりに援助を必要としている人々を固定することが出来るときである。しかし背景的正義がかけており，所得や富における不平等があると，その構成員の多くが慢性的に福祉に依存するよう

な，挫折し意気消沈した下層階級が育つかもしれない。この下層階級は，ほったらかしにされていると感じ，公共的政治文化に参加しない。

　こうしてロールズは福祉国家を批判した後に，財産所有民主主義あるいはリベラルな社会主義政体をめざすことが望ましいとする。その前提条件としてまず市民が社会の十全な協働メンバーでありうるための生産手段を一握りの人々だけではなく，市民全員の手にはじめから（事前に，著者注）委ねなければならないとして以下の3条件を挙げている。① 資本および資源の所有権が相続と譲渡に関する法律によって時間をかけて分散されること，② 公正な機会均等が教育や訓練の機会の提供などを通じて確保されること，③ 諸制度が政治的自由の公正な価値を指示すること。そして，ロールズは序文の最後で，こうした体制を構築するためには「各国の歴史的条件や伝統，諸制度および社会的勢力の分布によって決着がつけられるべきである」と結んでいる［ロールズ（2010）］。

　ここまでロールズの思想を概略してきた。福祉国家の定義にまで及ぶと，筆者の能力および本論の目的から逸脱するため別稿に譲ることとしたいが，ここでは，ロールズが福祉国家を批判するのは，これまでの福祉国家が，社会的弱者や下層階級（ロールズ）に対して事後的・自動的に所得を再分配する点にあることは理解できる。また彼のいう財産所有民主主義体制がいかようなものかも，別稿で検討したいが，上記で述べられている下層階級層が，「挫折し意気消沈」しているかは検討の余地があろう。確かにこうした人々の存在を否定することはできないが，既得権益として世代を継続して公的扶助の給付を受けている人々も存在する。これを貧困の固定化とよぶことも可能である。

　しかし，福祉国家的資本主義であれ，財産所有民主主義であれ，社会的弱者や貧困層に対して，decent な生活水準の維持は，国家の「最低限の」役割と思われる。その際に既得権益であったり給付基準の緩い給付ではなく，彼らが自立するべく公正な機会均等が教育や訓練の機会の提供などを通じて確保される（ロールズ）政策を実施することは必要であろう。また前述のオランダ国王が提唱した「参加型社会」が，ロールズのいう政治への参加と軌を一にしているかは検討する余地があると思われる。

1.3　多様な資本主義，福祉国家レジームによる国家類型化の系譜[1]

　1989年11月の「東欧革命」によって中欧諸国は，社会主義体制から議会制民主主義と市場経済メカニズムを基盤とする国家社会の構築を目指すこととなった。チェコ，ポーランド，ハンガリーおよびスロバキアは歴史的経緯，経済水準などの視点からビシェグラード諸国とよばれ，2004年に同時にEU加盟を果たし，社会主義から資本主義体制への体制転換プロセスに関して一応の「到達」を実現したといえる。1948年の社会主義体制成立前には，これらの諸国は歴史的にハプスブルグ帝国（オーストリア・ハンガリー二重帝国）の支配下にあり短いながらも議会制民主主義の成立，産業革命後の工業化などが共通する。またかつてのギルドを中心とした職業別年金制度も存在していた。当時のチェコは，ハプスブルグ帝国内の工業地域の役割を担い，農業国であったポーランドやハンガリーに比較して社会が相対的に均質化していたといわれている。詳細は別項に譲るが，チェコで実施されたバウチャー（クーポン）私有化について，かつて関曠野はチェコ人が均質な民族で知的水準が高いからではないかと指摘していた。

　ところでビシェグラード諸国が，体制転換プロセスでどのような国家を目指すのかという類型化の議論は，資本主義の多様性（VOC）の視点からも注目されている。旧社会主義諸国を含む包括的な類型化は，欧米の比較経済関連学会でも統一見解あるいは「認知された」見解は未だになく，現在議論されている段階と思われる。

　現代の比較資本主義分析の先駆となったのは，ミシェル・アルベールの『資本主義対資本主義』（1991）である。保険制度の概念と成り立ちから欧州の資本主義を，英国を典型例とするアングロサクソン型とドイツ・フランス・北欧を典型例とするライン型に分類した。確かにアルベールの主張は保険概念から資本主義体制を分類する点で多くの示唆を我々に提示しているものの，欧州各国を2つに類型化するには，その対象があまりにも複雑すぎて多様でありすぎる。

資本主義の2類型論として最も精密かつ分析的な議論を展開し，近年の比較資本主義分析をリードしてきたのが，ホールとソスキスが提唱した「資本主義の多様性」（VOC: varieties of capitalism）アプローチである。彼らの分析の中心にあるのは「企業」であり，自らのコア・コンピタンスを発展させるべく，対外的・対内的に他のアクターと関係を結ぶ「関係としての企業」であるとされる。具体的には，労使関係，職業教育，金融関係，コーポレート・ガバナンス，企業間関係といった諸関係をどうコーディネートし，どう処理するかという「コーディネーション問題」の解決が企業の中心的課題となる。この解決の方法の相違が資本主義の2つの類型が形づくられる。そして，それらの構造の相違は，イノベーションのパターンの相違をもたらし，さらに各国の産業特化や輸出競争力の相違をもたらすと彼らは考えたのである。その分類は，2類型として，「自由な市場経済」（liberal market economics: LMEs）と「コーディネートされた市場経済」（coordinated market economics: CMEs）とし，を示した。前者にはアルベール同様に，英国とアメリカ，後者にはドイツ，フランス，北欧諸国に分類している。

　また，ポントゥスン（Pontusson 2005）は，CMEs の概念を再検討し，労使の団体交渉制度，社会福祉・雇用保障の公的供給のように労使の妥協点を制度化している資本主義を「社会的市場経済」（SMEs: social market economics）と名付け，これを制度化が進んでいない LMEs と対置させている。SMEs には大陸型 SMEs としてドイツやスイス，ベルギー，オランダが含まれ，北欧型 SMEs にはデンマークやスウェーデンなどの北欧諸国が含まれる。CMEs が労使を共通にくくったうえで企業コーディネーションのあり方に焦点を当てたのに対して，SMEs は労使コンフリクトや政治的権力に焦点を当てた呼称である。日本は企業コーディネーションのあり方では CMEs ではあるが，他方で労働組合も労働運動も弱体で階級妥協の制度化が進んでおらず，公的福祉の供給も低く，SMEs ではありえないという。

　レギュラシオン学派第1世代のロベール・ボワイエは，調整様式の特徴から資本主義を「市場主導型」，「メゾ・コーポラティズム型」，「公共的／欧州統合型」，「社会民主主義型」の4つに分類した。レギュラシオン派第2世代のブルーノ・アマーブルは，早くから国際比較や多様性を考える基軸的な視点として，

各国の技術競争力のあり方に注目していた。技術競争力のうちには各国のマクロ・パフォーマンスや制度的特徴が反映されていると考えたからである。かれは，国際比較にさいして核心に置かれるべき1国ないし1社会の基本単位を，イノベーション特性と制度特性との複合システムとしてとらえ，これを「社会的イノベーション・生産システム」(social systems of innovation and production: SSIP) と名付けた。そして，資本主義の類型化にあたっては，このSSIPを核心に据えつつも，さらに広範囲に製品市場や社会福祉のあり方をも視野に入れ，製品市場・賃労働関係・金融・社会保障・教育という5つの制度の総体を分析することが必要だとした。そしてアマーブルは資本主義を，「市場ベース型」，「アジア型」，「大陸欧州型」，「社会民主主義型」，「地中海型」の5つに類型化した。

(1) 市場ベース型：アメリカをはじめとするアングロサクソン諸国に加え，ノルウェーが加わる。
(2) 社会民主主義型SSIP：北欧諸国がこのグループに入るが，ノルウェーが除外される。
(3) メゾ・コーポラティズム型SSIP：日本のほかに韓国が加わる。
(4) ヨーロッパ統合型SSIP：すでにこのSSIPに属するグループからなるが，イタリアが除外され，ベルギーとアイルランドが加わる。
(5) 上記第4のSSIPの「アルプス」型変種。オーストリア，スイスからなる。
(6) ヨーロッパ型SSIPの「地中海」型変種。スペイン，イタリア，ギリシャ，ポルトガルを含む。

山田鋭夫は，アマーブルの研究を以下のように評価している［山田鋭夫 (2008) p.152］。

(1) ホール／ソスキスのいうLMEs（市場ベース型）の諸国は同質性が高く，他のモデルとはっきり区別される。これに対してCMEs（大陸欧州型，社会民主主義型，アジア型）は決して同質的諸国からなっておらず，異質性が高い。つまりLMEs以外をCMEsとして一括することは無理がある。
(2) 市場の自由化度という点で「市場ベース型」の対極にあるのは「アジア型」，「大陸欧州型」，「社会民主主義型」のいずれでもなく，「地中海型」である。その限りでは，しばしばなされる英独対比，日米対比，米国-北欧対

比は相対化される必要がある。

(3) 福祉国家という点で「社会民主主義型」の対極にあるのは，「市場ベース型」ではなく「アジア型」である。

(4) 大陸欧州型ということでドイツとフランスが同じモデルに属することになったが，これはホール／ソスキスにおけるフランスの欠如という難点を克服している。同じくイタリアも，地中海型のうちに場所を与えられている。

(5) 大陸欧州型（特にドイツ）はライン型（CMEs）の代表とされ，しばしばアングロサクソン型（LMEs）の対極にあるものとされるが，しかしこの5モデル配置のなかに置いてみるとき，大陸欧州型が5モデルの中間点（原点近く）に位置しており，相対的に中庸を得た（特徴のない）モデルだといえる。したがって，しばしば独米対比がなされるが，ドイツがどこまでアメリカと対照的なのかは，諸国全体のなかで冷静に判断される必要がある。

(6) 大陸欧州型は，市場のフレキシビリティ（横軸）の点では，市場ベース型と地中海型との中間点に位置しているが，福祉国家（縦軸）では社会民主主義型のトーンダウン・ヴァージョンをなす。大陸欧州型は社会民主主義型に比べて，社会保障は小さいが雇用保障（長期雇用）は大きい。地中海型になると，社会保障はさらに小さくなるが，雇用保障（長期雇用）はさらに大きくなる。

(7) 個別の諸国についていえば，アイルランドは英語国民であるが，他の英語圏諸国と違って大陸欧州型に属する。ノルウェーは北欧諸国の1つであるが，少なくとも近年は社会民主主義型ではなく大陸欧州型にクラスター化される。

　最後になるが，社会保障を中心として福祉国家の類型化として研究しているのがエスピン・アンデルセンである。1990年に『福祉資本主義の三つの世界』を発表して，多様化している福祉国家の類型化を，脱商品化，社会的階層化，脱家族化（国家，市場，家族の相互関係）の3つの指標に分けて，自由主義的福祉レジーム，社会民主主義的福祉レジーム，保守主義的福祉レジームの3つのタイプの福祉国家に先進諸国，特に欧州の福祉国家を類型化した。まず脱商品化は市民が市場にどれだけ依存しないで生活できるかという視点から，現役労働者の平均収入に対する老齢年金給付比率，平均給付受給を受けるための拠

出期間または雇用期間，年金拠出における個人負担の割合をスコアリングしている。社会階層化は，労働者間の給与や給付などの格差を社会保険制度の種類，公務員年金への政府支出，報酬比例か一律支給かなどの給付制度などをスコアリングする。最後の脱家族化は，具体的なスコアリング方法は明らかではないが，女性が自立した所得を持ち男性稼得者にどれだけ依存するかを分析する。こうした指標をもとに，アンデルセンは3つのレジームに先進諸国を分類した［アンデルセン（2001）］。

(1) 自由主義的レジーム

アメリカ，カナダ，オーストラリア，ニュージーランド，アイルランドなどで，脱商品化は低く，ミーンズテストをもとに社会保障制度を構築し，普遍的な一律給付の割合が低い。給付基準は相対的に低く，市場を通じての私的な福祉システムを政府が奨励・支援している。

(2) 社会民主主義レジーム

スウェーデン，ノルウェー，フィンランド，デンマークなどで，政府の諸政策は政労使の協調すなわちネオ・コーポラティズムを基本とする。普遍主義に基づき，市民は単一の普遍的社会保険システムに編入され，高度の脱商品化を実現している。家族への依存を低く個人の家族からの独立を前提とする。

(3) 保守主義的レジーム（大陸ヨーロッパモデル）

ドイツ，フランス，オランダ，ベルギー，オーストリアなどで，職域組合，企業など共同体による所得比例給付と政府による最低保証を組み合わせている。家族（男性稼得者）を中心とする血縁，組合の役割が強い。脱商品化は自由主義レジームと社会民主主義レジームの中間に位置する。職域組合などを基本としているので垂直的所得格差は維持されている。

宮本はアンデルセンの類型化に関して，(1) 分類方法が多元的・立体的であり，その結果，現実の福祉国家レジームのもつ多様性を十分に反映できる，(2) 制度の入り口（インプット）よりも中身（アウトプット）に注目して福祉国家を国際比較している，(3) アンデルセンが分類対象としたのはOECD加盟先進国に絞られて旧社会主義国（中東欧）や日本以外のアジア諸国が含まれていないと，評価している［宮本（1997）（2002）（2003）］。

1.4 国家類型論の整理と中欧諸国：おわりにかえて

　前節で代表的な国家類型論を概観してきた。その研究業績は枚挙にいとまがないし，山田鋭夫が，資本主義の多様性に関して詳細に整理しているので『さまざまな資本主義』(2008) を参照願いたい。さて，アンデルセンやその後の研究者は，前述の3つの類型化に当てはまらない日本，オランダ，南欧に関して，日本は，自由主義レジームと保守主義レジームの中間，オランダは保守主義モデルと社会民主主義モデルの中間，南欧は保守主義レジームのサブレジームとして位置付けている。またイギリス，オーストラリアは自由主義レジームと社会民主主義レジームの中間と修正しているが，中間形態の指摘が多くなるほど類型化の価値があいまいになり，本来の分析の一貫性が小さくなるだけでなく，前述のアマーブルの言う5つの資本主義と変わらない。

　また山田久はサピールを引用して，アングロサクソン型，欧州大陸型，地中海型，北欧型に分類した。欧州をアンデルセンのように3つに分類する場合は，南欧諸国を説明することが難しく，その後の類型論ではサピールのような4類型が1つの議論の出発点となっている［山田久 (2011)］。

(1) アングロサクソン型
　　社会保障制度はラストリゾート（最終手段，筆者注）と位置付けられ，相対的に政府規模は小さい。イギリス，アイルランド，アメリカ
(2) 欧州大陸型
　　社会保険方式を基本として，非労働力に対する給付と老齢年金が充実している。オーストリア，ベルギー，フランス，ドイツ
(3) 地中海型
　　老齢年金が充実し，早期退職を促進している点が特徴。ギリシャ，イタリア，ポルトガル，スペイン
(4) 北欧型
　　社会保障が全般的に充実している。保育政策や積極的労働市場が特に充実している。デンマーク，フィンランド，スウェーデン，オランダ

類型化の指標の相違はあるものの，欧州に関しては，おおむねこの4分類が現実的だと思われるが，山田久は社会保障構造と経済成長の関係に関して，日本総合研究所の実証分析をもとに，アングロサクソン型は，年金，医療，介護関係の支出が少なく，民間事業者間の競争が促進され，経済パフォーマンスが優れているとする。北欧型は，歳出規模は大きいものの，歳出構造をみると積極的労働市場政策や保育政策など，就労促進的で現役世代を支援する内容が多い。この結果，現役世代がリスクを取りやすくなり，経済パフォーマンスが優れていると評価する。年金など引退世代向け支出規模は国際比較をすればさほど大きくないとする。大陸型は引退世代向け支出が多く，北欧型と並んで大きな政府となっている。

山田久は，社会保障規模は，年金，医療，介護など主に引退世代向け支出の大きさによって決められており，政府支出規模が小さいほど経済パフォーマンスは向上する。しかし北欧型は政府規模が大きいにもかかわらず，支出構造が現役世代向けで雇用促進的であれば経済パフォーマンスを向上させるとする。山田はチェコ，スロバキア，ポーランド，スロベニアなど中東欧を含む欧州，東アジア31カ国のデータをもとに重回帰分析を行い，この仮説が有意であると導いている。ただし，雇用促進的支出を際限なく大きくしても限界があることをスウェーデンの経験をもとに留意している［山田久（2011）（2012）］。

同様にファルカス Farkas（2012）は，上記の4分類に新たに東欧モデルを加え，中東欧諸国の抱える共通の特色として(1)社会主義体制の負の遺産として国内資本の不足，(2)1989年の東欧革命から間もないことによる民主化や市民社会形成の未熟性，(3)EUや世界銀行などの国際機関による国内経済政策決定への大きな影響力，をあげている。またポチューチェク Potucek は，中東欧諸国の市民社会形成の未熟性について，(1)社会主義時代の社会政策の失敗による社会連帯意識の欠如，(2)政党政治による議会民主主義制度の未経験，(3)行政府の能力不足，(4)東欧革命直後の混乱のもとでのネオ・リベラリズムの急激な中東欧への移入，などによって，市民は政府や権威に対して信頼をいまだに有さない社会が続いていると指摘した［Potucek 2013］。この問題が，冒頭で論じたように，チェコにおいて2013年10月の総選挙後の社会民主党の混乱が見事に露呈し，政治不信がますます深刻化する可能性がある。

中欧諸国，たとえばチェコ共和国は今後どういう国家をめざすのであろうか？　1990年から1996年までチェコで実権を握っていたクラウス元・大統領（元・首相）は，次章で論じるように欧米で有名な市場経済導入論者であった。常日頃から，経済は市場メカニズムにゆだね，チェコが「普通の国家」を目指すというのが彼の主張である。とすればこれまで論じてきたように，アングロ・サクソン型の国家を目指そうとしていたのかもしれない。しかしながらクラウスが首相を更迭されたあとは，社会民主主義を党是とする社会民主党政権が，産業政策を重視し外国直接投資推進政策を導入する。それ自体は，多くのアジア諸国でみられた輸出主導型の機械産業育成を中心とした経済発展モデルの導入とみてよいのではないだろうか。

　政権が市場メカニズム重視の市民民主党から社会民主党に転換したことによって，これまでの類型化でいえば市場ベース型から社会民主主義型への転換したとも思える。

　ところで，本書の主題からはそれてしまうので多くを論じないが，社会保障とりわけ老齢年金制度に着目すれば，クラウス政権時代に導入された普遍的な基礎年金制度（第1層）中心のスキームに，現在に至るまで大きな変更はない。社会民主党政権，福祉政策重視を推進したとは言い難いのである。

　その背景には，チェコの国会の勢力図にある。チェコは1990年前半から，大きく右派勢力と左派勢力で，複数政党が乱立するものの，ほぼ均衡しているのが現状である。したがって，右派勢力であっても，左派勢力であっても，年金改革などの大きな改革に関しては，議会で見解が大きく2つに割れてしまい，どちらか一方が明白な多数を占めるに至らないため，現在に至るまで年金改革などポスト福祉国家形成が実現せず現状維持のままなのである。

　外国資本を誘致して，機械産業を中心とした輸出ドライブによって経済発展を実現する手段では，いずれ労働コストの高騰によって国際競争力を失ってしまう。研究開発や高付加価値製品生産など長期スパンを持って産業政策を導入するのは1つの解決策であるかもしれない。本書の主題である日系企業投資が1例となろう。

　同時に，少子高齢化時代を迎えて，持続可能性が高い老齢年金制度の構築なども緊要な課題である。クラウスが導入した第1層の基礎年金だけでは，将来

の給付負担が重くなるだけである。

　ポチュチェクは中欧諸国では，基礎的年金（第1層）とともに第2層あるいはそれにかわるスキームの構築が重要であると指摘している。その理由として(1) チェコでは65歳以上の人口が15.2%（2012年）であり，40年後は65歳以上の人口が2倍になると予測される，(2) 年金会計だけでなく国家財政赤字が顕在化する，(3) 第1層だけに依存した年金スキームの脆弱性，(4) 現存する第3層の給付が十分でないこと，などがあげられる。

　以上の理由から，年金スキームの持続可能性の高度化のために，第2層または新スキームの導入・充実が必要であることは，中欧諸国共通の課題である。しかしながらハンガリーでは，年金会計の破たんにより第1層への統合が決定している。ポーランド，スロヴァキアでは拠出率の引き下げ（将来的な廃止も含め）が進められていて，現実は逆行しているように思われる。年金制度の持続可能性が，なかなか実現できていないことを，この事実は示唆している。

　チェコでは，2層，3層の役割が大きくないことを考慮すると，ドイツ型の職域別の年金制度ではないけれども，概して大陸型福祉国家レジームを基本としていえるのではないだろうか。そして中欧諸国は，共通して社会保障関連政府支出（対GDP比%）はEU平均と比較してその3分の2と低く，特に老齢年金支出はEU平均を下回っている。その点を考慮すると，アンデルセンが予測しているように中欧諸国は，大陸型保守主義レジームから自由主義的福祉レジームに向かう可能性もあるし，3つのレジームの中間に向かう可能性もあるという［Potucek (2013)］。

　ネチャス前首相は，若い世代に負債を残さないために社会保障改革は必要であり，若い世代に無責任な負債を残さないと，施政方針演説で述べている。そのための2層式年金制度の導入につながっているのであるが，その前途は明るくない。Decentな生活を維持するために，外国資本の機械工業誘致政策が飽和状態に至っている中欧諸国は，北欧型のような積極的雇用促進政策導入などあらたな取り組みが必要となろう。

注
1　本章のVOC類型化の議論の多くは山田鋭夫（2008）に負っている。

参考文献

Beata Farkas (2012), "The Central and Eastern European model of Capitalism and its performance during the current cricis", The Workshop of EU Economy, 日本大学経済学部, 2012 年 12 月.
チェコ労働社会省 (2002), *System Duchodoveho Pojisteni v CR*, Ministterstvo prace a socialnich veci, 200.
チェコ労働社会省 (2010), *The Expert Advisory Forum's Final Report*, Ministterstvo prace a socialnich veci, June 2010.
チェコ労働社会省 (2012), *Reform steps in the field of labour and social affairs in 2011 and 2012*, Ministterstvo prace a socialnich veci, 26th January, 2012.
チェコ労働社会省, *Pojistnematematicka zprava o socialnim pojisteni*, Ministterstvo prace a socialnich veci, 2004, 2006, 2008.
EU: ANEX (2006) *Synthesis Report on Adequate and Sustainable Pensions, Annex Country Summaries*, [COM (2006) 62Final].
EU: TEC (2006), Commission Staff Working Document, EU, Feb. 2006, *Synthesis Report on Adequate and Sustainable Pensions, Technical Annex*, [COM (2006) 62 Final], Commission Staff Working Document, EU, Feb. 2006 .
EU White Paper (2012), *An Agenda for Adequate, Safe and Sustainable Pensions*, EU, 16th February 2012.
Margalit (1996), *The Decent Society*, Cambridge Univ. Press.
Martin Potucek (2013), *Transition of Visegrad countries: success, failure, or muddle through*, The Workshop of Nihon University, 日本大学経済学部, 2013 年 7 月 11 日.
アグリエッタ, M. (1989)『資本主義のレギュラシオン理論』若森章孝訳, 大村書店.
アマーブル, B. (2003)『五つの資本主義』山田鋭夫訳, 藤原書店.
アルベール, M. (1996)『資本主義対資本主義』小池はるひ訳, 竹内書店新社.
アンデルセン, E. (2001)『福祉資本主義の三つの世界——比較福祉国家の理論と動態』岡沢憲芙, 宮本太郎監訳, ミネルヴァ書房.
新しい社会保障像を考える会 (2008)「新しい社会保障像の構想」『世界』2008 年 6 月.
片山信子 (2008)「社会保障の国際比較」『レファレンス』平成 20 年 10 月号, 国立国会図書館調査および立法考査局.
塩野谷祐一他 (2004)『福祉の公共哲学』東京大学出版会.
ボワイエ, R. (1990)『入門・レギュラシオン』山田鋭夫訳, 藤原書店.
ボワイエ, R. (2005)『資本主義対資本主義』山田鋭夫訳, 藤原書店.
ボワイエ, R. (2011)『金融資本主義の崩壊』山田鋭夫他訳, 藤原書店.
ホール, P. A., ソスキス, D. (2007)『資本主義の多様性』山田鋭夫他訳, ナカニシヤ出版.
宮本太郎 (1997)「第 7 章 現代福祉国家の類型論と日本の位置」埋橋孝文編『現代福祉国家の国際比較』日本評論社.
宮本太郎編 (2002)『福祉国家再編の政治』ミネルヴァ書房.
宮本太郎 (2003)「第 1 章 福祉レジーム論の展開と課題」埋橋孝文編『比較の中の福祉国家』ミネルヴァ書房.
水島治郎 (2002)「第 3 章 大陸型福祉国家：オランダにおける福祉国家の発展と変容」宮本太郎編著『福祉国家再編の政治』ミネルヴァ書房.
ロールズ, J. (2010)『正義論 (改訂版)』川本隆史他訳, 紀伊國屋書店.
ロールズ, J. (2004)『公正としての正義 再説』田中成明他訳, 岩波書店.
山田鋭夫 (1995)『レギュラシオン・アプローチ』藤原書店.
山田鋭夫, ボワイエ, R. (1999)『戦後日本資本主義』藤原書店.

山田鋭夫 (2008)『さまざまな資本主義』藤原書店。
山田久 (2011)「我が国社会保障制度の課題と欧米改革から見た改革の方向性」『Business & Economic Review』2011 年 9 月号,日本総合研究所。
山田久 (2012)「『市場主義 2.0』の原型―知られざる北欧モデルの実像」『市場主義 3.0』東洋経済新報社。

第2章
チェコ経済の概観

2.1 はじめに

　チェコ共和国は欧州大陸の中央に位置し面積7万8000キロ平方メートル，人口1060万人の内陸国家である。民族はチェコ人が95％以上を占め，そのほかスロヴァキア人，ウクライナ人などが居住する。

　1918年にチェコスロヴァキア共和国として独立するまでは，ハプスブルグ帝国の一地域であり，チェコを中心として軽工業，機械工業が発達し，世界で10指に入る工業国（地域）であった。1945年，第2次世界大戦後に独立回復するが，1948年に共産党政権が成立し，その後40年余り社会主義体制が続いた。1960年代にはソ連型社会主義への反発から政治経済全般の改革運動が起きたが1968年8月に当時のワルシャワ条約機構軍が侵攻し，この改革は頓挫した。この改革運動は「プラハの春」民主化運動とよばれている。

　1968年から社会主義体制が崩壊する1989年までは，ふたたびソ連型とよばれる中央集権的社会主義体制が続いた。しかしソ連の国力低下にともなう当時のゴルバチョフ書記長主導の改革（ペレストロイカ），社会主義経済体制そのもの機能不全による停滞などにより，1980年代の中欧諸国はいずれも経済が停滞し，チェコもその例外ではなかった。

　1989年夏のベルリンの壁崩壊に端を発しているいわゆる東欧革命によって，中欧諸国の社会主義体制は崩壊し，各国とも民主主義と自由主義を基調とした抜本的改革に取り組むことになった。このプロセスは体制転換または体制移行とよばれている。

2.2 体制転換 25 年

　この 25 年を振り返るとチェコの転換プロセスは，大きく 3 つに分けられる。第 1 期は市場メカニズムを重視したマクロ経済政策を基本政策としたクラウス主導の改革期（1990 年 – 1997 年），第 2 期はクラウス更迭後の時限内閣を経てリーマンショックによって欧州経済が経済停滞するまでの経済成長期（1997 年 – 2009 年），第 3 期はリーマンショック，欧州債務危機など経済停滞期における調整局面から現在までである（2010 年 – 2014 年）。

　第 1 期の大きな特徴は，7 年にわたるクラウス主導の改革戦略にある。これはクラウスが自他ともに認めるマネタリストであり，小さな政府による市場メカニズム全面導入，経済の自由化，緊縮マクロ経済政策の堅持がその柱となっている。これだけ長期間にわたり上記の政策を堅持していた点は，体制転換プロセス研究において 1 つのケーススタディーとなる。

　改革の骨子は以下の通りであり，体制転換初期段階で IMF や世界銀行が体制転換国に提唱した改革プログラム（いわゆるビッグバンアプローチあるいは急進的改革）と同一の戦略である。

(1) マクロ経済政策：① 財政赤字削減，② 緊縮金融政策，③ 税制改革（EU 型税制導入），④ 価格自由化，⑤ 通貨交換性回復
(2) 構造改革：① 貿易自由化，② 国有企業私有化，③ 外資法改正，④ 個人企業活動奨励

　上記のプログラムの中で，ビッグバンアプローチを採用した体制転換国が，改革初期段階で最初に導入したのは価格自由化であるが，ポーランドやロシアではハイパーインフレが発生し経済の混乱を招き当時の政権が改革半ばで頓挫する契機となった。これと対照的にチェコでは，マクロバランスの一指標である対外債務がポーランドやハンガリーに比較して大きくないこと，さらに価格自由化を一度にではなく 2 段階で実施したためロシア，ポーランドほどの混乱が発生しなかった。また転換 3 年目の 1993 年 1 月にはスロヴァキアと分離したが，基本的にはほとんど大きな対立もなく分離が実現した。

このように体制転換初期段階では，比較的改革の着手しやすいマクロ経済政策を中心に改革が実行された。体制転換国にとって大きな課題となったのは，上記のプログラムで言う構造改革，その中でも国有企業の私有化である。マクロ経済政策と異なり私有化を含む企業改革は，法制面では比較的容易に改革が実現できる可能性があるものの，企業がさまざまな既得権益を有する人々の集合体であり，企業内の改革だけでなく，既存の企業間ネットワーク，流通ネットワークなどの改編を伴うが故に，エコノミストがモノポリーゲームのように机上で駒を動かすように改革が進展しないのが現実である。

しかしクラウスら急進改革派は，国有企業の存在が改革に大きな障害になるとの共通認識から，多少の犠牲を伴うことを覚悟して一気に国有企業解体を目的として急進的な私有化路線を選択した。クーポン私有化とよばれる急進的私有化は，実施に関してはさまざまな幸運もあってほとんど大きな問題もなく終了し，マクロ経済安定化の実現，スロヴァキアとの「ビロード離婚」とともにクラウスの強運がますます IMF・世銀の評価を高めた。その結果が 1995 年 12 月の体制転換国初の OECD 加盟実現となってあらわれている。

しかしながら 1996 年 5 月の総選挙で，クラウス率いる市民民主党（ODS）ら与党連合が少数与党に転落し，苦しい政局運営を余儀なくされた。また 1996 年後半から顕在化しはじめた GDP 成長率の鈍化，貿易収支赤字の増大，実質賃金の上昇，労働生産性の鈍化などによる経済の失速，およびこうした経済の実体と乖離した通貨コルナの過大評価，さらに私有化に伴う関連諸法規の未整備により株式売買の不透明性などで資本市場が混乱するなど急進的改革に伴う諸問題が露呈した。これに対し，当時のクラウスは有効な改革案を出すことができず，内外の投資家の不信感を増大させた。これが 1997 年 5 月の投資家の資本引き上げとコルナ売りにつながるチェコの通貨危機である。同年に大規模洪水が発生し与党内の政治スキャンダルも表面化したこともあり，クラウスは 1997 年 11 月に更迭された。

第 2 期の大きな特徴は，第 1 期の自由主義保守的政権から社会民主主義的政権への転換である。1998 年 6 月の下院選挙において第 1 党となったのはゼマン率いる社会民主党（CSSD）である。ゼマン政権は，これまでのマクロ経済政策重視の改革路線への転換を模索していたが，少数与党ゆえに政敵 ODS と

政策協定の締結による足かせの中，経済失速の回復と資本市場混乱の収拾が政権発足当初の最大課題であったため，大きな成果を上げることができなかった。たとえばそれまで聖域であった金融機関改革が先送りされていた結果，コメルチニー銀行（Komerční banka）をはじめとする巨大銀行の膨大な不良債権が露呈し，特に 2000 年 5 月の IPB（投資ポスト銀行）の破綻に伴うスキャンダル，同年 9 月に開催された IMF・世銀年次総会での反対派活動家問題などが，チェコ市民に体制転換への失望感を助長した。

その後，2006 年まで社民党政権が続き，第 1 期の緊縮財政偏重路線から転換したこと，資本市場の混乱を収拾したこと，私有化方式を外資への直接売却に転換したこと，さらに産業政策特に外資誘致政策（対外直接投資促進策）を導入したこと，企業サイドではリストラが進展していることなどから 2000 年以降チェコ経済は復調した。さらに 2004 年には EU 加盟を実現した。その後の財政・金融政策は別項に譲るが，リーマンショックや欧州債務危機を契機とした経済停滞が始まる 2009 年までは経済安定期といえよう。

第 3 期（2010 年から現在）は，景気後退からの調整期といえよう。2010 年に成立した ODS のネチャス政権は，景気後退の中でも財政赤字の縮小のため緊縮財政政策をおしすすめ，年金財政破綻回避のために年金改革の着手を表明した。また金融政策に関してはインフレ・ターゲティングを堅持しながら，同時に低金利政策を実施した。求心力の低下とスキャンダルによってネチャス内閣は 2013 年 6 月に総辞職した。2014 年 10 月の総選挙で，ODS が CSSD から政権を奪還し第一党となった。しかし当時の社会民主党内では副党首と大統領との秘密会談が明るみに出て，党執行部 5 名が党首の辞任を画策したことが露呈し，ようやく 2014 年 2 月に新党 ANO やキリスト教民主同盟・人民党などと中道左派連立政権が成立した。

チェコでは第 1 期のクラウス政権時には，緊縮財政金融政策，クーポン私有化などの大胆な政策が実施されたものの，その後は，議会で圧倒的多数を占める政党が出現せず，右派の ODS と中道左派の CSSD の 2 大政党と総選挙ごとに結党される複数の新党で議会が拮抗しており，現在に至るまで重要議案はきわめて僅差で採決されることが多く，これが社会政策など重要案件の抜本的改革推進の大きな足かせとなっている。

2.3 経済構造[1]

　チェコの経済構造を GDP のウェイトからみると，チェコの製造業は GDP 比で 25％近くを占めており，日本の約 18％と比べても，また OECD 諸国の中でも高い水準にある。次節で示すように，1998 年からの政策転換で直接投資の受け入れを積極的にしたこともあり，自動車および関連産業を中心に，EU 圏への輸出を目的とした製造業の外資進出が相次ぎ，ドイツを中心として西欧のサプライチェーンの一端を担っている。
　このように，チェコは伝統的に製造業の国としてみなされている。手工業で

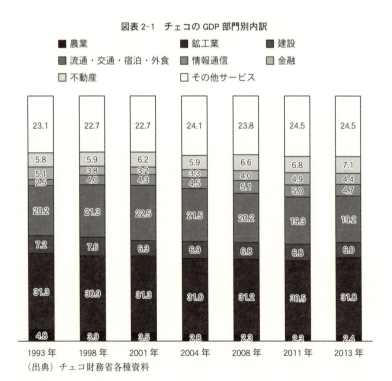

図表 2-1　チェコの GDP 部門別内訳

（出典）チェコ財務省各種資料

は，伝統産業として17世紀以来の「ボヘミアン・グラス」が有名であるが，ドルの語源ともなった「ターラー銀」を産出したことに象徴されるように鉱物資源に恵まれ，産業革命以降は豊富な石炭をもとに鉄鋼業が産業をリードした。戦前のチェコスロバキアは，オーストリア＝ハンガリー帝国の工業資産の約4分の3を継承し，1930年代には工業生産額で世界第7位に数えられ，シュコダの兵器や，靴のバチャなどは世界的にも知られる存在であった。

1948年の共産党クーデタを経て社会主義化すると工業部門も国有化され，コメコンの分業体制下では機械製造，鉄鋼，石炭・コークス，軽工業製品を分担し，戦前の遺産を引き継いで社会主義圏の中では比較的高い品質を誇った。またオストラヴァを中心とするシレジア地方の瀝青炭は製鉄用コークスとして，また北部ボヘミアで産出される褐炭は火力発電に利用され，社会主義時代の工業の発展に貢献した一方，公害の原因ともなり，1980年代に硫黄酸化物，窒素酸化物による大気汚染とその影響で森林の減少が深刻化した。

他方，農業のGDPのシェアは2％程度である。農業生産の中心はチェコ中西部の肥沃なボヘミア盆地で，経営体当たりの平均経営面積は152.1 ha（2010年）と比較的大きい。ビール生産が有名であるが，その原料であるホップの生産量は世界第5位（2011年）で，日本もホップ輸入量の3割がチェコ産（2012年）となっている。

2.4 マクロ経済動向

1993年にスロヴァキアと分離した後のチェコ経済は，大きな混乱もなく1994年には成長率がプラスに転じた。失業率，インフレ率とも比較的低位で，他の中東欧諸国が「体制転換不況」に苦しんだ中で，「チェコ経済の奇跡」とよばれた。

しかし，経常収支赤字を原因とする1996年の通貨危機の影響で，1997年から1999年までマイナス成長となった。

他方，EU加盟が現実化したことと，政策転換による外資誘致の積極化から，直接投資による設備投資などによって景気は回復した。その後は内需とEU圏

第2章 チェコ経済の概観

図表 2-2 チェコのマクロ経済指標（%）

	1996年	1997年	1998年	1999年	2000年	2001年	2002年	2003年	2004年
実質 GDP 成長率（前年比）	4.5	▲0.9	▲0.2	1.7	4.2	3.1	2.1	3.8	4.7
民間最終消費支出	7.4	1.6	▲1.3	2.3	0.9	3.3	3.1	5.3	3.2
粗固定資本形成	9.1	▲6.5	▲1.0	▲2.1	6.5	4.5	3.8	0.6	3.0
政府最終消費支出	▲1.2	3.3	▲2.9	4.3	0.0	3.9	7.9	6.0	▲3.3
財・サービス輸出	6.5	9.7	11.6	5.7	17.3	11.6	2.4	7.6	13.7
財・サービス輸入	12.0	6.6	7.1	5.0	16.0	12.5	4.7	7.4	10.1
消費者物価指数（総合，前年比）	8.8	8.5	10.7	2.1	3.9	4.7	1.8	0.1	2.8
失業率	3.9	4.8	6.5	8.7	8.8	8.1	7.3	7.8	8.3
一般財政赤字対 GDP 比	▲3.1	▲3.6	▲4.8	▲3.6	▲3.6	▲5.6	▲6.5	▲6.7	▲2.8
一般政府債務対 GDP 比	11.9	12.6	14.5	15.8	17.8	23.9	27.1	28.6	28.9
経常収支対 GDP 比	▲6.4	▲6.0	▲2.0	▲2.4	▲4.6	▲5.1	▲5.3	▲6.0	▲5.0
直接投資・証券投資フロー対 GDP 比	3.3	4.2	7.7	8.2	5.6	10.3	9.1	0.7	5.3
対ユーロ圏輸出ウェイト	54.7	55.1	58.6	64.2	70.9	70.8	69.3	71.4	71.6
対ユーロ圏輸入ウェイト	56.4	55.9	57.6	58.4	63.1	62.8	61.2	60.3	68.2

2005年	2006年	2007年	2008年	2009年	2010年	2011年	2012年	2013年
6.8	7.0	5.7	3.1	▲4.5	2.5	1.8	▲1.0	▲0.9
2.9	4.3	4.1	3.0	0.2	1.0	0.5	▲2.2	0.1
6.0	5.8	13.2	4.1	▲11.0	1.0	0.4	▲4.5	▲3.5
1.6	▲0.6	0.4	1.2	4.0	0.2	▲2.7	▲1.9	1.6
11.8	14.0	11.3	3.9	▲10.9	15.5	9.5	4.4	0.1
6.1	11.0	12.9	2.7	▲12.0	15.5	7.0	2.2	0.6
1.8	2.5	2.8	6.3	1.0	1.5	1.9	3.3	1.4
7.9	7.2	5.3	4.4	6.7	7.3	6.7	7.0	7.0
▲3.2	▲2.4	▲0.7	▲2.2	▲5.8	▲4.7	▲3.2	▲4.2	▲1.5
28.4	28.3	27.9	28.7	34.6	38.4	41.4	46.2	46.0
▲1.0	▲2.0	▲4.3	▲2.1	▲2.4	▲3.9	▲2.7	▲1.3	▲1.4
6.4	1.9	3.3	0.7	5.2	6.5	1.4	4.6	3.2
68.7	67.7	66.4	66.1	67.4	66.5	65.8	63.7	63.0
68.3	66.4	65.6	62.6	63.7	60.6	60.1	60.2	60.5

（出典）チェコ財務省各種資料

向けの輸出増加により 2005 年から 2008 年前半まで高い成長を続けた。

しかし，2008 年からは通貨高の影響や同年 9 月以降の世界金融危機と欧州への波及により，チェコ自体は金融危機に至らなかったものの，外需の減退から景気は急速に悪化した。

その後，主要輸出先であるドイツをはじめとした EU 諸国の景気回復に伴い，2010 年から 2011 年にかけてプラス成長を記録したものの，欧州ソブリン危機の影響や，後述する緊縮財政政策にともなう個人消費の減退などから，2012 年以降再びマイナス成長に陥った。

この間，雇用は 2008 年までの景気拡大期に改善傾向にあったが，2009 年以降失業率は 7%近傍で高止まりしている。もっとも，1990 年代，チェコの出生率は 1.89 から 1.13 に低下し，1990 年から 2007 年の間に女性の初産年齢が 22.5 歳から 27.1 歳になったことなどで少子化による生産年齢人口の減少の影響が懸念されていることもあり，労働時間やパートタイム労働に関する雇用法制の改革の成果もあって雇用は足元拡大しつつある。

対外面をみると，経常収支が一貫して赤字を計上している。しかし，海外からの投資がこれをファイナンスするかたちとなっており，これを反映して通貨コルナは増価傾向を示してきた。もっとも，後述するように 2013 年には中銀が金融政策として通貨切り下げを実施している。

EU 加盟から 10 年あまりが過ぎたが，この間マクロ面でも EU への収斂が進み，購買力平価でみた 1 人当たり GDP は EU 平均の 4 分の 3 を超える水準となっている。

2.5 対外直接投資転換の背景

2.5.1 社民党政権の包括的経済政策

社民党政権発足当時の政策目標は，① 経済犯罪の撲滅，② 経済成長，③ 行政改革，④ 法制度の EU 準拠化，⑤ 欧州会議の社会憲章の採択，などであるが，経済政策に関しては，所有関係の透明化，積極的産業政策・輸出政策の推進，2000 年までに銀行の私有化，2002 年までに完全価格自由化を掲げていた[2]。し

かしながら社民党と対立するODSは，社民党と政策協定を締結しているにもかかわらず，年度予算をはじめとしてさまざまな経済政策を下院で否決するなどの，「揺さぶり」戦略を駆使して，現政権に隠然たる影響力を保持しており，社民党にとって独自の政策を遂行することが困難な状況が続いていた。そのため社民党は再びODSと政策協定を締結せざるを得なくなり，99年10月から続いた政争は，2000年1月の協定締結でひとまず沈静化した[3]。

2000年10月には，政府はEU加盟を前提とした経済政策シナリオを作成した。それによると経済政策最優先課題は，① 経済競争力の持続的発展を実現するためマクロ経済に重点をおきすぎた政策からミクロレベルにシフトさせ，バランスのとれたポリシーミックスを実現させ，② 国立銀行が「その独立性」に固執せずに政府と協調して経済政策を運営する必要を説いている。またミクロレベルの改革を促進するため，① コーポレートガバナンス，私有化，投資優遇策，企業支援，人材育成に力を入れる，② 社会的セーフティーネットを通じて経済再建にともなう市民への負のインパクトを最小限に食い止める，③ 改革に伴う「痛み」について政府は国民との対話を通じてコンセンサスを求める，となっている[4]。

さらに2001年に政府が発表した「EU加盟にむけた経済プログラム」[5]では以下のような課題が列挙されている。

(1) 外国直接投資をメインとする資本投資の増加を主要因として，現在のチェコ経済は堅調な発展を記録している。しかしながら経常収支，財政収支などの赤字や体制転換コストなど今後改善しなければならない問題もある。

(2) 産業構造改革や上記の負の側面の解決が今後の課題であるが，この数年間のチェコ経済はGDPで3-4％の伸びを予測している。特に粗固定投資の伸びは4-7％の伸びを予測している。

(3) 外国直接投資による労働生産性の伸びが今後も続き，労働生産性伸び率が実質賃金上昇率を上回る場合には，電気機械などの輸出志向生産品の伸びが期待されるために，対外収支の改善を期待できる。

(4) インフレターゲットを採用した中央銀行のインフレ政策は，おおむね成功しており，今後数年間，4％のネットインフレ率が期待される。財務省と中央銀行のマクロ経済政策に関する協働は継続される。

(5) 財政改革はマクロ経済政策の主要改革課題であり，税制改革，年金改革，産業構造改革，不良債権問題対策，戦略的国有企業の私有化などの諸改革を早急に実施する。特に国有企業の私有化を 2001 年から 2003 年までの 3 年間に実施する予定である。こうした改革により，2002 年に対 GDP8.9％を見込む国内債務は 2004 年には 3.9％に削減する見込みである。

(6) 年金改革は現在進行中であるが，この数年間の財政への貢献は見込んでいない。人口構成などを考慮して，早急に年金を中心とした社会保障の財政負担を軽減するプログラムを実施する予定である。

(7) 旧国有企業・銀行の不良債権処理対策は，大きな問題であると政府は認識しており，不良債権総額の確定や処理に関して，整理庁 KOA（旧整理銀行 KOB）を中心に早急に解決しなければならない。

(8) これまでマクロ経済に重点をおいていた政策から，マクロ政策とともに構造改革とりわけ企業改革，産業構造改革などにも比重をシフトしなければならない。特に EU 加盟を想定して，競争力，労働生産性の強化などに留意する。

(9) 特に上記の企業改革，産業構造改革には，財政アプローチからだけでなく私有化と海外直接投資の促進が重要である。特に外資導入は企業リストラに大きく貢献するために，グリーンフィールド投資に重点をおいた誘致政策を積極的に実施する。

(10) これまで不透明と批判されていた金融・資本市場の発展はチェコの国民経済安定化の鍵となる。株式市場，ボンド市場などの発展は特に重要であろう。そのためには証券取引委員会の機能強化や商業銀行の監督強化は重要な政策である。

2.5.2 産業政策への取り組み

上記の政策目標のもと，1990 年代後半のチェコではどのような政策が実施されてきたのであろうか。産業政策すべてを列挙することが本章の目的ではないので，産業構造転換に直接かかわる政策に絞って整理したい。

(1) 貿易促進策

クラウス政権下においても，貿易保険機構（EGAP）の設立（1991），チェ

コ輸出銀行（CEB）の設立（1994），インフォメーションセンターの設立（1993）などの貿易促進関連諸機関が設立されている。関税に関しては『世界競争力報告』（世界経済フォーラム）によれば，チェコは世界で最も関税が低い国家の1つと評価されている。

また外資導入策と関連して，再輸出加工制度[6]，国外加工制度[7]いずれも一部あるいは全額関税が免除になる制度を導入している。

(2) 投資促進策

通産省傘下に1995年，外国直接投資誘致に特化したチェコインベストを設立し，外国投資家の窓口機能を果たし，さらにビジネス開発庁も設立されて，外国直接投資促進が図られている。投資誘致のために1998年に投資インセンティブ政策が導入され，関税を含む税の免除，雇用創出補助金の支給，職業訓練補助金の支給，企業・大学間（産学）連携促進支援などを実施している。2001年に92プロジェクトが承認実施された。

また外資企業の国外送金に関して，当該企業が株式会社または有限会社の場合，法廷準備金の留保，源泉税の納付義務があることを除き，利益分配・国外送金の制限を設けていない。また，日本，アメリカなど多くの先進国と二重課税防止条約を締結しているため，配当，利子，ロイヤルティー，などの課税規程が各国との条約で決められている（0-15％）。

2000年以降，IT産業誘致を重点的に行うため，上記の投資インセンティブとほぼ同様の優遇策を「戦略的サービス」と認定された企業に供与することとなり，2001年にIBMワールド・トレード・コーポレーションが初めて認定された。

(3) 企業再建策

整理銀行KB（Konsolidacni banka）が1991年2月に設立された[8]。当初は主に社会主義時代の旧国有企業の不良債権処理であったが，1994年以降，①1990年以降に発生した不良債権処理，②企業リストラ策の策定・指導，③不良債権の証券化，④私有化など政府プロジェクトへのファイナンスなどに転換した。1998年の社民党政権成立以降は，こうした企業再建を急ピッチで実施するために経営危機に陥っている8つの巨大企業を対象として，1999年に「再生プログラム」が議会で承認され，同時に実施機関である再

生庁が設立された。しかしながら大きな成果をあげるに至らず，2000年12月に上記のKBに他の企業再建専門政府機関であるチェコフィナンチ（金融機関専門）など3社が吸収統合された。こうしてKBは，政府系銀行機関から政府直属の整理庁へ組織の格上げがなされ[9]，企業の不良債権処理および企業リストラを加速化させている。

(4) 中小企業支援策

　まず個人企業の設立が1990年4月に認められ，業務内容と従業員数の制限が撤廃された。また中小企業支援のため中長期投資資金援助を目的とした政府系金融機関であるチェコモラビア保証開発銀行CMZRB（Ceskomoravska zarucni a rozvojova banka）が設立（1992年1月）[10]された。チェコ政府は今後，中小企業育成に重点をシフトさせる予定である。

(5) 地域政策

　1996年に経済省から地域政策の特化した地域開発省が新設された。特に重厚長大企業が偏在し，地域振興，失業対策などが緊要な次の10地域が指定された。Decin, Chomutov, Louny, Most, Teplice（以上北ボヘミア），Jesenik, Karvina, Novy Jicin, Ostrava-mesto, Prerov（以上北モラビア）。

　さらに工業団地の建設のため，1998年に通産省と地方自治体が工業団地開発支援制度を発足させ，1999年以降，830ヘクタールの規模で，10億8000万コルナの公的資金が投入されて52の工業団地が造成された。すでに総面積の45％に外資を中心とした投資家が進出している。

2.6 おわりに

　以上のようにチェコでは，ビロード革命以来のマクロ経済政策重視から1998年の社会民主党政権で，産業政策に着目した政策に転換した。国有企業の直接売却による私有化も加速化し，それにともなうリストラ・失業問題をも含め，チェコの経済は大きく変化した。さらに前述のように，90年代半ばまで体制移行の優等生と評価されてきたチェコ経済の再評価をするべき時期でもあろう。

注

1 産業構造とマクロ経済に関しては，池本修一・松澤祐介著『チェコ，スロヴァキア経済図説』東洋書店，2015 年を参照。
2 下院でのゼマン首相の施政方針演説では，これまでの議会施政方針演説の中で，はじめて産業政策に関して言及があった。
3 クラウスが党首をつとめる市民民主党 www.ods.cz 参照。この政策協定は，① 2002 年の次期総選挙まで有効とする，② 財政は従来の緊縮財政路線に戻す，③ 現行選挙制度の見直し，④ EU 加盟に関する重要政策は両党の合意を必要とする，⑤ 経済，特に民間部門への政府介入を極力差し控え，⑥ 私有化を促進し，国家資産基金保有株式の少なくとも 3 分の 2 を民間へ売却する，⑦ 両党の協定違反行為は仲裁・調停にゆだねる，以上 7 点が合意された。
4 さらに EU のコンバージェンス・クライテリア（収斂目標）に沿って，為替レートの安定と ERM 参加の準備，政府債務を対 GDP60％以内，財政赤字を対 GDP3％以内，長期利子率を 2％以内，インフレ率を EU 加盟国内での基準から 1.5％以内に収めるとの目標実現のために最大限努力するとなっている。
5 チェコ財務省 www.mfcr.cz 参照
6 チェコで加工・再輸出される目的で輸入された財が対象。
7 チェコから国外での加工のため輸出され，加工後に再輸入される財が対象。
8 整理銀行（現整理庁）www.kobp.cz 参照。これは 1991 年 1 月の価格自由化政策実施に備え，旧国有企業債務整理のために設立された。これまでの対企業貸出利率が，従来の 6％前後から価格自由化政策実施時期前後から 20-24％へ急騰したため，企業財務状況が悪化したのが背景になっている。
9 他方，体制転換に伴うコストが集約する企業不良債権処理は，チェコだけでなく体制転換国共通の問題である。下表は IMF と国立銀行が公表した不良債権額を示している。現行価格ベース GDP は 1999 年が 18873 億コルナで IMF 発表不良債権額が 1999 年に 3647 億コルナであることから，対 GDP 比でみると実に 19.3％になる。国立銀行発表数値は IMF に比較して低いけれども，2001 年で比較すると対 GDP 比が 9.3％となる（2001 年現行価格ベース GDP が 21390 億コルナ）。GDP の 2 割近い不良債権は，国民経済に大きな負担となるため債務の証券化，リストラ，清算などの処理を KOA（整理機構）は迅速に進める必要があろう。

IMF による不良債権総額　　　　　　　　　　　　　　　　　　10 億コルナ

	1996 年末	1997 年末	1998 年末	1999 年末
総額	348.9	373.8	382.4	364.7
要注意債権	52.6	68.9	59.0	58.4
破綻懸念債権	29.6	30.3	49.5	26.5
実質破綻債権	39.0	38.3	43.0	39.6
破綻債権	227.6	236.3	230.8	240.2

国立銀行による不良債権総額　　　　　　　　　　　　　　　　10 億コルナ

	1998 年末	1999 年末	2000 年末	01 年 9 月末
全体	258.0	291.0	257.7	228.3
要注意債権	58.7	92.1	85.8	75.6
破綻懸念債権	33.4	39.3	54.9	40.4

実質破綻債権	35.5	38.4	27.2	30.2
破綻債権	130.3	121.1	89.7	81.9

(出典) チェコ国立銀行, IMF。
(注) IMFと国立銀行の数値の違いは未確認。

10 チェコモラビア保証開発銀行 www.cmzrb.cz 参照。

参考文献

The European Commission. (1999, 2000),"*Regular Report from the Commission on Progress towards Accession by each the candidate countries*", October 13, 1999 および 2000.

World Bank (1999),"*Czech Republic: Toward EU Accession*", October.

池本修一 (1993)「チェコスロヴァキア―市場経済移行の現状と課題」西村可明編著『市場経済化と体制転換』日本貿易振興会, 1993年。

池本修一 (1998)「チェコ:市場経済化の現状と問題点」『ロシア研究』第26号。

池本修一 (1999)「移行国の私有化と企業統治に関する一考察」『経済研究』第50巻, 第4号。

世界銀行 (1997)『1996年版世界開発報告:計画経済から市場経済へ』。

第3章
チェコの対外直接投資と日系企業1
：日系企業進出ブーム期

3.1 はじめに：概観

　チェコでは，1997年のクラウス政権崩壊後に投資政策を外資導入積極策へと抜本的に転換した。その最初の転機は1998年4月に導入された投資インセンティブである[1]。ハンガリーへの直接投資が一段落し，ポーランド，次にチェコへと関心が移ってきた時期でもある。さらに2004年5月のEU加盟も，外国投資家にとってはチェコへの投資に関心を向ける一要因であった。そして，チェコへの外国直接投資はGDP成長へ大きく寄与しているだけでなく，輸出のけん引役を担っている。チェコインベストによると，2001年末，5万5000の外資系企業が設立されている。特に製造部門における外資企業は1200社にまで増加し，チェコ機械産業部門の輸出額の65-70%を占めると指摘している[2]。

　国別の直接投資の割合（1990年-1999年）をみると，ドイツ26%，オランダが24%，オーストリア12%，アメリカ9%，ベルギー7%，イギリス4%，フランス4%と大半をEU諸国が占めている。部門別（同）でみると金融部門が16%，貿易・商業14%，通信6%，自動車6%，食品6%などとなっている。

　チェコインベストによる2001年より5年間の投資誘致計画によれば，国別で日本20%，ドイツ16%，アメリカ16%，イギリス14%，オランダ4%，ベルギー4%，フランス4%と，日本やイギリスへの期待が大きいことがわかる。部門別では電気・電子機器関連32%，自動車22%，製造業10%，プラスチック9%，化学薬品5%，建設5%などである。

　国別の投資額（2002年）を見ると，ドイツが47億5260万ドルと突出して

いる。オランダ (9億5000万ドル), オーストリア (8億1260万ドル), フランス (3億3620万ドル), イギリス (2億7300万ドル), ベルギー (2億5090万ドル) と続き日本は第10位で1億3440万ドルとなっている。業種別では運輸・通信が41億3000万ドル, 製造業が17億1470万ドル, 金融・保険が12億4250万ドル, 不動産5億7690万ドル, 商業等が4億2110万ドル, 電力・ガス・水道が3億5290万ドルとなっており, 我々が抱いているイメージと若干異なり, 製造業への投資が相対的に大きな地位を示していない点に留意したい[3]。

次に2000年代初頭における日本企業のチェコへの投資に目を向けたい。まず日本企業の進出内訳は, 直接投資51企業うち製造業47企業, R&D1企業, その他3企業となっている。総投資額（計画分額も含む）は21億9700万ドル, 総雇用者（同）は2万1280人である。後述する投資インセンティブを受けた企業19社, 現在投資インセンティブを申請中の企業13社, 交渉中の投資プロジェクト25案件に及ぶ[4]。また2003年には, チェコへ進出している51企業のうち2000年以降に進出した企業が35社, うち2001年13社, 2002年15社[5]と, この2年間で全進出企業の54％が進出していることがわかる（図表3-1参照）。

進出日本企業の業種別内訳を見ると, 製造業47企業のうち自動車関連企業30社, 電器・電子関連企業10社, 機械・金属関連企業4社, 繊維関連企業1社, その他2社となっている（図表3-2参照）。また投資額の97％あまりが製造業に集中しているため, ここでは製造業投資額（計画値）を累計でみると, 製造業全体の21億7450万ドルのうち自動車関連企業が12億5540万ドル（製造

図表3-1 日系企業の直接投資件数の推移

（出典）チェコインベスト, 2003年3月25日現在

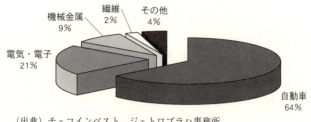

図表 3-2　日本企業数（製造業）業種別内訳

（出典）チェコインベスト，ジェトロプラハ事務所

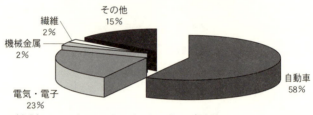

図表 3-3　日本企業（製造業）業種別投資額内訳

（出典）チェコインベスト，ジェトロプラハ事務所

全体の 58％），電器・電子関連企業が 5 億 110 万ドル（同 23％），機械・金属関連企業 4400 万ドル（同 2％），繊維関連企業 5000 万ドル（2.2％），その他（同 15％）となり，日本企業の進出業種が自動車および電器・電子関連産業に全投資額の 80％と集中しており（図表 3-3 参照），この点が他の外国投資戦略との異なる点であろう。

3.2　投資インセンティブ

第 2 章でもとりあげたように 1998 年 4 月に投資インセンティブが導入された。チェコの外資導入積極策はハンガリーやポーランドに比べて遅れての導入であったのであるが，現在ではこのインセンティブが EU 基準に沿っていることから，インセンティブ導入先進国（ハンガリー，ポーランド）と異なり，2004 年の EU 加盟によって大きな影響を受けなかった。この投資インセンティブは，大きく 4 つ ① 税制上の優遇措置，② 雇用創出補助金，③ 職業訓練補助

金，④ 立地優遇措置，に分けられる[6]。
① 税制上の優遇措置
　新規設立企業の場合には10年間の法人税（19％）が免除，既存企業の事業拡大・近代化の場合には一部免除される。法人税免除は，当該企業に対する公的補助金の額がEU基準に沿った規定額上限に達したときに終了する。
② 雇用創出補助金
　投資が行われる地域の失業率に応じて，新規雇用創出1人当たりの所定額が支給される。所定補助額は4段階に分かれる。
③ 職業訓練補助金
　雇用創出補助金と同様に失業率に応じて従業員の訓練・再教育にかかる費用総額を4段階に分けて支給する（25〜45％）。
④ 立地優遇措置（工業団地開発）
　地方自治体を対象に，工業団地用の土地が，投資家がインセンティブを申請する前の段階で，自治体が工業用地区域として指定・開発する決定をした場合，国が自治体に対してインフラ開発資金の補助や低価格での土地の譲渡を行う制度。

　こうした投資インセンティブは，上記以外に，IT産業誘致を対象にした「戦略的サービスおよびテクノロジーセンターに対するインセンティブ」や投資インセンティブの適用条件を満たさない企業を対象にした中小企業支援プログラムや地方自治体によるインセンティブなどが導入されている。
　日本では98年に東レ，昭和アルミがインセンティブを取得したが，制度導入以前の96年に進出した松下テレビは2000年に取得している。

3.3　企業訪問と聞き取り調査（2003年）[7]

　2003年3月26日から4月4日まで製造業8社，商社1社，日本政府機関1機関，チェコ政府機関1機関を訪問した。訪問企業・機関は以下の通り（訪問順）。デンソー・チェコ：中越社長，トヨタ自動車コリン駐在員室（当時）：山

田代表，三井物産プラハ事務所：阿曽氏，コイト・チェコ：牧田社長，アイサン・ビトロン・チェコ：門脇社長，松下ピルゼン：朝日社長，オーナンバ・チェコ：南口社長，東レ・テキスタイル：枝川社長，ジェトロ・プラハ事務所：水野所長，昭和アルミ・チェコ：柴田社長，チェコインベスト：馬瀬顧問。

その他に日本において松下ピルゼン・井上元社長，三井物産プラハ事務所・安東元所長，青山製作所チェコ・社本社長に出張直前に面談した。

訪問した企業では，(1) チェコ進出の理由，(2) 操業までの経緯とチェコ政府の対応，(3) 労務対策とその他現在の問題点，などの聞き取り調査を行った。

3.3.1 チェコ進出の理由

チェコインベストは，外資にとってのチェコの魅力を，① 安定した政治経済体制，② 長い伝統を誇る工業技術力，③ 欧州の中心に位置する立地条件，④ 2004年のEU加盟，⑤ 安価で良質な労働力，⑥ 発達した部品産業，⑦ 政府・地方自治体のサポート，⑧ インフラの完備，などを挙げている。企業訪問でもおおむね上記の回答が共通している。

チェコは，もともとオーストリア帝国の伝統的工業地帯として繁栄し，第2次世界大戦前には，世界有数の工業国であった歴史がある。政治体制も戦間期（第1次世界大戦と第2次世界大戦の間の時期）には，議会制民主主義が成立しており，政党間の関係は激烈な政治闘争というよりも，ピエトカとよばれるように5つの政党が協議しながら政策運営を行うなど，プリューラリズム（複数の価値観を認める考え方）が根付いていた。1948年以降の社会主義体制下でも1968年前後の改革運動の時期を除いて，大きな政治的闘争は存在していなかった。また1980年代にハンガリーやポーランドでみられた西側からの借り入れに対し，チェコは一貫して慎重な姿勢を保持し，対外債務はこの3カ国の中でもっとも小さく，その点でマクロバランスは伝統的・相対的に安定していた。

こうした安定を好む国民性は，逆に外国に対して積極的な姿勢をとるハンガリーやポーランドの後塵を拝する結果ともなっている。クラウスのナショナリスティックな政治姿勢とあいまって国有企業をはじめとする国有資産の外資への売却に対する抵抗は，ハンガリーなどと比較して小さくなかったといわれて

いる。またEU加盟に対してもポーランドやハンガリーと比較して，加盟に懐疑的な意見が少なくなかったのも，伝統的な国民性に起因すると思われる。

2000年にはいってのチェコにおける日系企業の投資ブームの背景は，上記のチェコインベストが指摘する要因以外に，⑨1998年の投資政策転換（投資インセンティブの導入など），⑩ハンガリー，ポーランドへの投資が飽和領域に達していること，⑪先駆的に進出した松下テレビの成功と経営者の他の日本企業への啓蒙的な姿勢，⑫2002年のトヨタの進出，などが挙げられよう。

松下ピルゼン元社長の井上氏は，上記の①から⑧までの要因のほかに組合運動が比較的に強くなく，労働者が均質的でレベルが高く，かつ労働コストが松下ウェールズ（英国）の約7分の1（調査当時）であったことから，進出の第一候補としたと論じている。また前述のようにポーランド，ハンガリーに比較して，チェコでは一般的に政府・地方自治体の投資誘致への姿勢が穏やかであるなかで，例外的に当時のピルゼン市長が，きわめて積極的に誘致運動を展開したことで，最終的にチェコ進出を決定したと述べている。松下の進出は，クラウス政権時代であり，当然のことながら投資インセンティブ導入前であったにもかかわらず，現在に至るまで順調にテレビ生産が拡大している。こうした松下の姿勢が，チェコへの日本企業のグリーンフィールド投資の契機となっているといわれている。

またここ数年，自動車関連企業の進出が目立ってきているが，現地調査ではトヨタからの働きかけがあったとの明示的な言及はなかったが，トヨタの生産計画が年間10万台（TPCA全体では30万台）であることを考慮して，他の顧客（ドイツやフランスの自動車企業など）を有している企業がトヨタへの部品調達を1つの契機に進出しているケースが多かった。

3.3.2 操業までの経緯とチェコ政府の対応

ここでは進出先発組（松下，東レ，昭和アルミ）と後発組（その他の訪問企業）に分けて整理したい。

(1) 先発組

先発組は，共通して受け入れ側の対応の経験不足から大変苦労していた。
松下は投資インセンティブが導入される前に進出したこともあり，政府，仲

介機関（人），地方自治体ともに経験不足の中での操業であった。進出にあたっては，さまざまな諸手続が必要であり，社会主義特有である「書類のたらいまわし」は，90年代後半に入っても続いていた。三井物産の阿曽氏は，「深いインフォーマルな知識を有している仲介機関（人）無しに操業はうまくいかない」と述べていたが，松下の場合は法律事務所を通じた手続のために，書類のサイン1枚ごとに手数料を取られるなど多大なコストを要した。また進出初期から現在にいたるまで，中央政府にさまざまなインセンティブの導入やインフラ，通関，流通などの諸問題に関して粘り強く交渉を続けている同社や他の先発組の姿勢は，チェコ政府のグリーンフィールド投資受け入れ策の雛型を作る際に大きな影響を与えたといわれている。

東レも工場建設など許認可のために多くの時間を要し，プラハから離れた立地であることもあり，当時の枝川社長など現地スタッフの奮闘が印象に残った。インセンティブ許可のために，担当役人との交渉にも多くのエネルギーを要したと述べている。また環境問題の対応では，地元住民への説明会（公聴会）などで粘り強い交渉を続け，市議会の環境対策担当者に東レのイギリス工場を視察させるなどの苦労があったとのことである。

昭和アルミは，進出にあたり三井物産が仲介役を担い，工場の中核となる幹部チェコ人の採用，許認可など諸手続の代行事務所の紹介，地元自治体との交渉などに商社が仲介役をつとめた初期のモデルとなっている。

チェコインベストとの関係については，東レでは最初の1，2年は大きな役割を担っていなかったものの，2001年あたりから（当時新進気鋭の総裁M. Jahnになってから），格段に対応が改善された。Prostejov市も誘致に熱心であったものの，実際には環境問題などで市議会内の反対が根強く，公聴会などの「交渉」が予想より多かった。また工場建設でも強い働きかけをして始めて市側が対応するなど，予想以上の労力を要している。昭和アルミも，チェコインベストが紹介した用地に進出を決定した後においても，市側によるインフラ整備が進まず，チェコ政府への陳情の際もチェコインベストが仲介してくれないなどの問題が生じていた。

いずれにせよ先発3社（松下，東レ，昭和アルミ）は，共通して現在では財務上，大きな赤字を計上することなく[8]，成功例として位置付けることができ

るだけでなく，日本人商工会，日本人会などでも指導的立場で貢献している。

(2) 後発組（デンソー，トヨタ，アイサン，コイト，オーナンバ）

聞き取り調査当時はいずれも操業間もないか工場建設中の企業であり，トヨタ関連企業の操業までの経緯には共通の行動パターンがあるようである。チェコインベストの経験の積み上げ，投資政策の整備，地方自治体の対応の進化，工業団地の整備，工場建設を従事する日系ゼネコンの経験の積み上げなどから，あくまで相対的ではあるが，先発組よりもよりスムーズな立ち上げを実現している。また仲介機関をトヨタ・グループの場合，豊田通商が一般的に担うケースが見られ，許認可などの諸手続が，マニュアル化しているようである。

デンソーではもともとトヨタだけでなく欧州自動車メーカーへの部品調達もあり，ドイツに近いリベレッツに進出を決定した。トヨタ・グループの中でも中核に位置する大企業だけにトヨタ進出にともなうトヨタ関連企業のリーダー的役割を担っている。中越社長によると，ジェトロ，チェコインベスト，豊田通商などが操業までの主要仲介機関であり，工業団地10カ所の中から選定したとのことである。訪問当時は，多くの日本からの出張者が仮事務所に駐在し立ち上げ準備をすすめていた。

トヨタに関しては後述するが，世界的な大企業であること，投資額，雇用数が大きいことなどから，チェコインベストの中に特別チームが設立され，他の日本企業とは異なる待遇であると思われる。後発組の中でのチェコインベストの評価は，一概に「おとなしい」というものであるが，トヨタの場合，山田コリン駐在代表（当時）は，チェコインベストとの関係は良好であるとの見解を述べている[9]。

コイトも，聞き取り調査によると，ほぼトヨタ関連企業と同様の進出経緯であり，豊田通商が進出にあたり仲介役を担っていた。またチェコインベストへは好意的な評価をしている。チェコインベストがコイトに対し工業団地を複数紹介し，そのなかで現在の場所（ジャテッツ市）に決定したが，市のコイトへの対応が遅く，チェコインベストが調整してくれたと述べている。このような経験から操業までのプロセスが，チェコインベストの担当者の資質に大きく影響される可能性があるとの言及があった点は注目したい。

アイサンは，後発組の中で最も成功している例と思われる。他のトヨタ関連

企業と同様にトヨタ通商が立ち上げを支援し，チェコインベストが紹介した工業団地の中からロウニー市に工場建設を決定している。工場建設などのさまざまな規制基準が市によって異なるために住居と工場の住所が異なるなどの事情もあり，役所のたらいまわしが続いた時期があると述べている。工場の一部が位置するロウニー市の隣の村では，工場誘致に関する知識・経験がほとんどなく，大変苦労したとのことである。トヨタの場合も工場の敷地は隣の自治体に位置するが，工場建設に関するほとんどの諸手続をコリン市が一手に引き受けている点を考えると，他の日本企業の場合，進出にともなう交渉を独自に解決せざるを得ないようである。またアイサンではチェコインベストが大きな役割を担っておらず，チェコ人担当スタッフの資質によるという，コイトの見解が説得力をもつ。ただし，最初に雇用したチェコ人幹部社員が，ドイツ企業の立ち上げを経験した人物であったことなど，チェコ人スタッフに相対的に恵まれており，こうした点が，後述する労務対策などに大きく影響すると思われる。

　オーナンバは，上述のようなトヨタ関連グループでないこと，立地がスロヴァキアに近いオロモウツ市であること，チェコインベストの投資インセンティブの対象外であることなど，後発組の中では進出条件が若干異なっている。オーナンバは主にテレビ，ステレオなどのワイアーハーネスを生産しているため，松下などの顧客を対象に進出したとのことである。投資インセンティブ条件に投資額が及ばなかったが，オロモウツ市のインセンティブを受けることができることなど市の熱心な誘致姿勢，人件費などのコストがボヘミア地方に比較して低いことなどにより，進出を決めたが，チェコインベストの担当者は，大学院の修士課程に在籍している学生（専門は直接投資）であり，大きな役割を担っていなかったとのことである。またできるだけ早い操業を目指していたため，既存の貿易会社を買い取って，諸手続を法律事務所に依頼して短期間に操業にこぎつけた。このように後発組の日本企業のなかでは，独力に近い形で進出を決めているが，チェコインベスト，オロモウツ市の対応の不備などもあり，現地スタッフが苦労されている印象があった。

3.3.3　労務対策その他[10]

　訪問した企業すべてが操業しているわけではないが，訪問しなかった企業も

含め，操業開始している日本企業に共通した問題は労務対策である．本項では聞き取り調査をまとめてその問題点を検討したい．

　この共通する切実な問題は，従業員の高い欠勤率にある．一般に管理職やオフィス・スタッフの欠勤率は高くないものの，工場の一般労働者の欠勤率が中欧で一番高く（ジェトロ水野氏），日本企業の平均欠勤率は 15-20% となっているが，当然ながら，これを上回る企業と同時に下回る企業も存在する．そしてライン作業方式の場合 20% を超えると生産に大きな支障が生じるため，各企業ともにさまざまな対策を導入している．こうした慢性的な高い欠勤率が生じる背景の 1 つには，国家の休業保障制度の存在がある．社会主義体制の遺産である労働者への厚遇環境が，体制転換後も残存している点にある．

　一般労働者の労働条件をみてみると，平均月額賃金（2002 年第 3 四半期）：1 万 5443 コルナ（約 502 ドル），法定最低賃金（2003 年）：6200 コルナ（約 201 ドル），基準労働時間：週 40 時間（2 交代制 38.75 時間，3 交代制 37.5 時間），基準有給休暇：年間 4 週間，産休 29 週間，育児休暇：産休終了後子供が 3 歳に達するまで，などとなっている．これ以外に疾病による休業保障制度は，医者の診断書があれば，給与の 60%（上限は 500 コルナ）を上限に 7 日間支給される．これは給与ではなく社会保障給付であるため土曜，日曜の休日分も例外なく支給されるだけでなく，給与と異なり税金・年金などの控除がないため，給付額が給与とほとんど変わらないという事情もある．一般にこうした病欠に関しては社会主義時代から医者が比較的容易に診断書を出す習慣があったため，現在に至るまで休業保障制度が一般フロアー労働者にとっては一種の恩恵となって残存している．

　チェコインベストなどが誘致する工業団地は，比較的失業者の多い地域に多く，投資インセンティブによる雇用補助金も対失業者対策である．失業者の多くは社会主義時代のこうした習慣を熟知している中堅労働者であり，彼らは体制転換後も当然の権利として行使する場合が多く，こうしたことから日本企業の多くは，社会主義の遺産が染み付いていない比較的若年労働者の雇用を好む傾向がある．また多くの外国企業が進出している現在，優秀な労働者の新規雇用は難しく，工場増設や生産拡大による新規雇用によって，欠勤率が高くなるケースもある．

こうした慢性的な欠勤問題を改善するために，各企業はさまざまなインセンティブを導入している。とりわけ皆勤手当の導入（月500–1000コルナ）は各企業におおむね共通している。また皆勤手当ても含め手当の形でなく，定期的（3カ月あるいは6カ月など）に賃金に上乗せする方式を導入している企業もあった。しかしながら低額の皆勤手当の導入で改善されるケースもあれば高額の手当を導入しても目立った改善が見られない企業もあり，また各企業の生産規模，生産方式，業種などの違いもあり，これまでのところ欠勤率改善の一般的に各企業に共通する有効な方策は見出せない。ただし，人事マネージャーなど有能なチェコ人スタッフを雇用している企業は，おおむね欠勤率が低いと思われる。さらに皆勤など評価を手当の形でなく低額でも賃金に上乗せする方式は1つの解決策になるかと思われる。皆勤手当は1日でも休めば当該月間は支給されないので労働者の所得の増加が見込まれないが，賃金に上乗せする方式であれば，一定期間の評価によって所得が引き上げられる。

アイサンでは，3％の賃金引上げ用予算のうち，2％は全員を対象としており，残りの1％の予算はプールされ，優秀な業績をあげた労働者に支給される。またライン生産が欠勤によって穴があくために，複数の生産現場を担当できるマルチワーカーの養成に努めていた。実際の工場見学でも，どの現場にどのランクの労働者が配置されているか，各現場の達成率が一目でわかる方式の導入など日本のトヨタ生産方式であるカンバン方式を導入し，若い労働者（主に女性）の活気が伝わってきた。欠勤率も5％と低く，生産開始して日がたっていないが，後発組（トヨタ関連企業）のグリーンフィールド投資の成功例としてみなしてよかろう。

3.4　日本企業の直接投資の特色

3.4.1　グリーンフィールド投資の変質

日本企業が特定の国に進出する場合は，進出までは時間を要するが，いったん進出を決めた場合は，系列を含め多くの企業がほぼ同時期に進出する，との特性を耳にするが，この点ではチェコは典型例であろう（図表3-1参照）。ま

た高度な製品技術水準，独自の生産方式を維持するため，日本企業はドイツと異なりグリーンフィールド型直接投資を好む傾向があるが，これもチェコは典型例となろう。チェコインベストは，グリーンフィールド型企業進出が，長期の視野での投資であることから，国民経済，雇用などの面で歓迎している。第2章のマクロ経済指標で検討したように対外直接投資はチェコ経済に寄与しているのである。

　しかしながら昨今のグローバリゼーションの中，コスト削減のための生産基地移動のスピードは，年々早まっておりグリーンフィールド投資の30年説は，15〜20年に早まると，実際に訪問した日本企業の現地責任者の複数は，こうした傾向に言及しており，今後，EU加盟後の生産拠点がより東方（たとえばルーマニア，ウクライナ，ロシアなど）にそう遠くない時期に移動すると予想しているが，2015年現在，その傾向が顕在化していない。しかしながら早晩，チェコの労働コストが上昇し，ハンガリーのように直接投資の飽和状態の域に達すると思われる。現在でもチェコ人労働者よりも安価な労働コストを求めて，北ボヘミア，北モラビアではポーランド人，中央・西ボヘミアやモラビアではスロヴァキア人やウクライナ人労働者の雇用がみられる。東レの枝川社長は，チェコの人材派遣会社がウクライナに拠点を持ってチェコにウクライナ労働者を斡旋している現状を指摘してくれた。

　またチェコ国内の受け入れ地区（地方自治体など）でもこうしたグローバリゼーションのなかでの変化を読み取っており，日本のグリーンフィールド投資に対して10数年で引き上げる可能性が高いため，環境，雇用を含めて大きな貢献が見込めないとして，外国企業進出に反対するケースもあった（チェコインベスト・馬瀬顧問）。大規模な装置産業でない組立型の工場の場合，近い将来，東方へ移動することは十分考えられる。たとえば松下の場合，英国の松下工場では，すでにブラウン管テレビの組立生産から高付加価値製品であるテレビなどの生産にシフトし，チェコにブラウン管テレビの組立生産を集中させている。早晩，コスト削減のためにチェコの工場がこれまで英国工場で行われた製品の組立生産（高付加価値製品）とR&Dの拠点となる可能性がある。そうなれば低コスト生産のために現在チェコで生産しているカテゴリーの製品は，より東方で生産される可能性がある。

またオーナンバは数年前にスロヴァキアに生産工場を有していたが，わずか数年で松下の要請を受けて松下工場（チェコ・ピルゼン）に近いチェコに生産拠点を移転している。これはグリーンフィールド投資の寿命がここ数年で短くなっている典型例であろう。

3.4.2 トヨタ・グループの進出

(1) トヨタおよびトヨタ・グループ（関連企業）の戦略

2001年12月下旬に，トヨタとプジョーは合弁でチェコに進出する旨を，パリでの共同記者会見で発表した。進出の経緯は，公式にはチェコが欧州市場に近いこと，工業技術水準が高いこと，インフラが整備されていることなどが発表された。投資総額15億ユーロ，従業員数1500－2000名を予定し，2005年からの操業を目ざすとされた。トヨタとプジョーの資本比率は両社ともに50％と完全な対等パートナー関係となっており，生産部門はトヨタ，経理その他の管理部門はプジョーが担当する。生産台数（計画）はトヨタが年間10万台，プジョーが20万台となっている。

2002年4月にトヨタは「2010年グローバルビジョン」を発表し，これらは中国など新興市場など海外にゆだねながら，世界シェアを10％から15％へ引き上げる旨の目標を挙げた。この2010年グローバルビジョンは，日米欧3極で収益を支えるために最適な経営資源の再配分を実現することとなっている。そのためには部品などの現地調達を推進し，為替リスクを回避しながら，部品の品質の地域差をなくす平準化プロセスを徹底化させる。

もともと欧州市場はトヨタをはじめ日本車のシェアは高くなく，トヨタ，ホンダ，日産，三菱，スズキ，マツダの6社を合わせてようやく10％程度にとどまっている。こうした欧州での苦戦は，販売規制，輸出枠規制などの制度的障壁の他に，ディーゼル車投入の遅れ，欧州人が好むコンパクトカー投入の遅れなどが挙げられよう。もちろん日産のマイクラ（マーチ）やトヨタのヤリス（ビッツ）が投入されているが，いずれも伝統的にコンパクトカーに強い欧州では後発である。そして近年，ようやく日本でもコンパクトカーへの注目度が高まってきている。国内自動車販売台数のなかで，コンパクトカーの販売が堅調に伸びており割安な価格や燃費効率の高さなどが消費者に評価されている。

こうしたコンパクトカーの1台当たりの利幅は相対的に小さく、そのため開発にあたっては世界的な業界再編の中で誕生した完成車グループでプラットフォームを共通化し、同じ部品やグローバルな生産拠点を活用するといった戦略を取らざるを得ず、そのためにコンパクトカーは世界戦略車と位置付けられている。したがってチェコでもヤリス（ビッツ）より小型のコンパクトカー生産（新車）を目指しているのである[11]。

中欧への進出は、こうしたトヨタの世界戦略の一環であり、フランス、イギリスの生産拠点からよりコスト削減を目ざして、EU加盟目前のポーランド、ハンガリー、スロヴァキアなど中欧諸国が進出のターゲットとなり、結果的にその中でチェコが選択された。またトヨタの中欧への進出の別の理由は、欧州市場で販売台数が飽和状態に近づいていることもあり[12]、これまで論じた理由だけでなく、近い将来の東方進出（ここではロシア、ウクライナなど）の第1ステップ、すなわちスラブ文化圏進出への第1歩という位置付けもあることを留意しなければならない[13]。

聞き取り調査に関して、トヨタ・プジョー（TPCA）コリン事務所の山田代表（当時）によると、上記の戦略的要因以外のチェコ進出の理由は、ポーランドのトランスミッション工場進出の教訓が大きいようであった。もともとチェコインベストよりもポーランド政府やハンガリー政府の誘致姿勢は積極的である。しかしながらポーランド工場のインフラ整備が予想以上に悪く、政府の支援体制（フォローアップ）も期待したほどでなかったとのことである。これはトヨタだけでなくほかの企業関係者からも同様の指摘されている[14]。TPCAの最大の特色は、プジョーとの合弁体制であろう。山田代表によれば、チェコでのトヨタの生産計画は年間10万台であり、単独での工場設立は無理があったところに、プジョーから合弁のオファーがあったとのことである（トヨタ10万台、プジョー20万台）。今回の合弁では資本比率は完全に対等であり、これはトヨタにとって初めての経験であるとのことである[15]。生産部門はトヨタ、その他の部門はプジョーが担当するけれども、サプライヤー問題では、トヨタ単独で決定できないため、トヨタ関連サプライヤーと他のサプライヤーは、対等の条件で交渉している。しかしながらチェコで生産するコンパクトカーの基本設計はトヨタが受け持っているため、結果的に、多くの部品はトヨタ・グ

ループから調達されるようであるが，従来と異なりプジョーの意向が反映されているようである[16]。

　さらに今後，2社の合弁によって，必然的にTPCA経営戦略は，トヨタとプジョーが共同で策定するという，トヨタがこれまで経験したことのない経営形態をとることになる。この点が，トヨタの対外直接投資のなかで1つの大きな特色となっていると思われる。トヨタとプジョーの企業文化が，どのように融合するのか，どのような問題点を孕むのか，また，プジョー方式によるサプライヤーとの関係が，トヨタ・グループの企業関係にどのような影響を与えるのか，加えて，サプライヤーの親離れ（脱系列）が逆にチェコでは子離れを伴うのかなど，チェコでのTPCAの企業行動は大いに注目されよう。加えて，チェコのトヨタの生産計画が年間10万台ということで，トヨタ単独では採算が取れない状況もあり，この脱系列傾向に関しては加速化される可能性もある。

　以上のように，チェコのトヨタおよび関連企業の投資戦略と企業行動を，上記のトヨタの長期戦略のなかで判断できる面が多いと思われるが，TPCAが，トヨタとプジョーとの合弁の形態をとるという点で，トヨタの新たな海外戦略のケーススタディー（たとえば対等合弁のケーススタディー）とみなすことができよう。

　これまで検討してきたように，98年の投資インセンティブ導入に代表されるチェコ政府の政策転換によって，チェコ国内に外国直接投資が急増した。日系企業は，2004年の中欧諸国のEU加盟を前提に，投資環境が整備されたチェコに注目するようになった。とりわけトヨタをはじめとする自動車関連産業はグローバル化が進んでおり，西欧諸国に比較して生産コストが低い旧社会主義圏への進出は自然の成り行きといってよいかもしれない。

　チェコにおける日本企業の直接投資は，松下ピルゼン，東レ，昭和アルミの進出を契機（これを第1次進出とよぶことができよう）に，2001年末のトヨタの進出に前後した自動車関連企業の大量進出（同様にこれを第2次進出とする）が注目される。2001年から2002年にかけての大量進出は，一部に脱系列化の動きがあるものの直接・間接的にトヨタ（TPCA）の進出の影響が大きいと思われるが，こうしたトヨタ関連企業の進出は2003年になって一段落した模様であり，結果的に日本企業直投ブーム（第2次進出）は収束傾向にある。

3.5 おわりに

チェコでは本章で検討したように，投資インセンティブなどの産業政策の導入，企業リストラの進展などにより，外資企業を中心とした製造業特に電気機械，輸送機械部門の生産拡大を牽引力として経済成長が続いている。そして日系企業はトヨタ，松下を中心としてチェコが得意分野としている上記の部門に進出してチェコ経済に大きな貢献をしている。

注
1 クラウス市民民主党政権（1997年11月まで）とゼマン社民党政権（1998年6月）の間に時限的に成立していたトショフスキー内閣時に導入されたのであるが，本章では特に断りのない限り，本格的な投資積極政策は社民党政権が導入したこととしたい。
2 外国直接投資に関する資料はすべてチェコインベストによる。www.ywbc.org/czechinvest/
3 直接投資には日本の製造業が好むグリーンフィールド投資だけでなく既存の設備を利用するブラウンフィールド投資，あるいは旧国有企業などを対象とした企業買収，株式取得などさまざまな形態がある。
4 いずれもチェコインベスト（プラハ）資料，2003年3月25日現在。
5 古河電工プロジェクトを含む。
6 投資優遇措置法は2000年5月に施行され2002年に一部改正された。
7 詳細は付録を参照のこと。企業幹部の肩書きはいずれも当時のままである。また松下（現パナソニック）は，当時のまま松下とした。文責はすべて池本にある。
8 東レは2002年に一時赤字を計上したとのことであるが，おおむね安定した経営状態とのことである。
9 ただし，大企業だけに，トヨタの発言は一般的に大きな影響を及ぼすことを斟酌しなければならない。
10 休業社会保障制度に関しては2003年4月当時の状況である。
11 こうしたグローバリゼーションは他の日本の自動車メーカー，部品メーカー共通の現象である。

	海外売上比率	海外生産比率
完成車メーカー	約60%	40.2%
部品メーカー	約25%	約30%

（出典）『自動車部品業界の動向と格付けの視点』日本格付研究所，2002年6月。

12 ドイツでは1000人あたりの保有台数が，94年から96年まで530万台，97，98年は540台，99年は558台と頭打ちが続いている。
13 トヨタ欧州販売・今井社長インタビュー（2002年11月23日『朝日新聞』）その他。

自動車販売予想（％）

調査機関	2002年予測	2003年予測
Marketing Systems	11.7	12.0
World Markets Research Center	1.7	6.4

(出典）JAMAGAZINE, 2002年5月9日，自工会．（注）対象は乗用車．

14　これはあくまで相対的なレベルの問題であり，ポーランドの投資条件が悪いということには直結しない．

15　海外ではGMと合弁のケースがあったが，その際はトヨタ主導であったために，今回の合弁は初めての経験といえる．

16　この情報は山田氏の見解ではなく，間接情報である．チェコ進出企業だけでなくトヨタグループの複数の企業からサプライヤー選択にプジョーの意向が反映されているとの指摘があった．いずれにせよ，これまでのトヨタグループ内の企業関係重視よりもコスト重視のサプライヤー選択に移行する可能性がある．

参考文献

チェコ統計局『統計年鑑』1995年，1998年，2001年版（Cesky statisticky urad, *Statisticka Rocenka Ceske Republiky*, 1995, 1998, 2001, 2003）．

チェコ統計局『チェコ鉱工業統計1997-2000』2002年（Cesky statisticky urad, *Ekonomicke vysledky prumyslu CR v letech 1997 az 2000*, 2002）．

チェコ産業貿易省『チェコ産業便覧2002年』2003年（英文）．

チェコ財務省統計（いずれも www.mfcr.cz にて入手）．

チェコ整理庁，チェコ整理銀行資料（いずれも www.kobp.cz にて入手）．

チェコインベスト資料（いずれも www.ywbc.org/czechinvest/ にて入手）．

チェコ国家資産基金資料（いずれも www.fnm.cz にて入手）．

EU委員会資料（いずれも http://europe.eu.int にて入手）．

Mertrik, P. (1995), *Future of Industry in Central and Eastern Europe*, Institute of Economic Studies, Charles University.

Zemplinerova, A. (2000), *Privatization of Network Industries*, Paper for Managing Commercial Assets, OECD.

池本修一（2001）『体制転換プロセスとチェコ経済』梓出版．

第4章
チェコの対外直接投資と日系企業2
（2010年－2014年）

4.1 はじめに

　2008年9月のリーマンショックは世界経済に大きく影響し，ポーランドを除く中欧諸国は，EU加盟後の好景気に冷水を浴びせられる結果となった。チェコは2000年以降，外国直接投資（FDI）がけん引して高度成長を実現していたが，実質GDP成長率は2009年には－4.1％を記録し2010年は2.3％，2011年も1.7％，2012年も回復基調には転じていない。チェコは1989年に社会主義体制が崩壊して1990年6月に非共産党新政権が発足した。議会の多数を占めた市民フォーラムは，非共産党政権樹立を求める大多数の市民が支持した暫時的な政治団体であり，下院議員も旧共産党員から自由主義を支持するグループまで多種多様であった。その後市民フォーラムは分裂し，現在に至るまで右派の市民民主党と中道左派の社会民主党の2大政党を中心に，左派の共産党とその他多数の少数政党が乱立する構造となっている。その政治構造は，大きく市民民主党を中心とした右派と社会民主党を中心とした左派で議会が拮抗しており，現在に至るまで議案は1および数票差などきわめて僅差で採決されることが多く，これが国有企業民営化，外国直接投資，社会政策など重要案件の抜本的改革推進の大きな足かせとなっていた。この点は第1章でも述べてきた。しかしながら2010年の総選挙では図表4-1のように，与党連合のODS，TOP09，VVの議席数が118議席，野党のCSSD，KSCMが82となっており，下院と上院の政治勢力が日本同様に「ねじれ」構造であることから，抜本的な構造改革が施行しづらい状況が続いている。

2010年の議会勢力

図表 4-1　下院議席勢力

政党	議席数
Civic Democratic Party（ODS）	53
Top09	41
Public Affairs（VV）	24
Czech Social Democratic Party（CSSD）	56
Communist Party of Bohemia and Moravia（KSCM）	26
全体	200

（出典）チェコ政府公式ホームページ

そこで本章では，リーマンショック後の日系自動車関連企業の実態を，現地調査を中心に検討する。とりわけ日系自動車企業（トヨタグループ）の投資状況とそのチェコにおける影響についても言及したい。とくにこれまで筆者はチェコでは欠勤率が高いため，完全分業体制による生産システムでは大きな影響はないものの，トヨタ生産システムが機能するためには大きな問題になると述べてきた。しかしながらリーマンショック後のチェコ経済は低迷し，失業率悪化など労働市場が縮小し，欧州通貨危機の影響で自動車生産も頭打ちとなっている。こうしたことから日系企業従業員の転職事情は悪化し，欠勤率が好転していることが現地調査で判明した。この点も検討したい。

4.2　対外直接投資と日系企業

1998年の社民党政府による政策転換（国有企業の外資への売却，対外直接投資の誘致政策導入）によって，2000年前後から製造業のグリーンフィールド投資を中心に対外直接投資ブームが到来した。

チェコインベストによると，2011年には，約17万3000社の外資系企業が設立された。また2011年末では，総工業生産の16％を自動車関連部門が占め，さらに総輸出額の21.4％が自働車製造関連製品という自動車産業に依拠した産業構造となっている。

まずチェコにおける自動車産業に関して概略したい。伝統的にチェコでは自

動車製造のシコダ SKODA, タトラ TATRA などが社会主義時代から存続していた。特にシコダは中欧を代表する自動車メーカーである[1]。

チェコの自動車産業は, 前述のように 2011 年現在で総工業生産の 16%, 総輸出の 21.5%を占めるまでに発展した。2011 年にはシコダ 87 万 5000 台, トヨタ・プジョー・シトロエン・チェコ (TPCA) 27 万台, ヒュンダイ 25 万 1000 台と自動車生産台数は 118 万 6000 台となった欧州でも有数の自動車生産大国である。

トヨタの進出経緯は, 第 3 章でふれたので, 本章では多くを論じない。ただし, テレビなどの電気機器産業と異なり, 自動車メーカーの進出は, 多くの部品メーカーも進出する呼び水となることから, 産業の集積が進むだけでなく, 輸出指向型の産業部門であること, 労働集約型の企業が多いことなどから, 投資国の経済成長に大きな影響を及ぼすことは間違いない。TPCA の投資がその典型例といえよう。

ヤリス (日本名ビッツ) 投入で, 欧州に基盤を作ったトヨタは, ヤリスより一回り小さな 1000 cc コンパクトカーの開発・製造を目指し, 労働コストの高い西欧先進国以外で, EU 加盟を予定している中欧地域に生産拠点を置く計画を打ち出した。同時に欧州市場では, 当初 10 万台程度の生産以上は見込めず, トヨタ単独での進出は困難と判断していた。さらに EU の二酸化炭素排出基準が日本の基準よりも厳しく, この分野での技術開発のためにもトヨタは欧州でのパートナーを探していた。

こうした背景からトヨタはフランスの自動車メーカーであるプジョー・シトロエングループと対等比率での資本提携の下で, チェコのコリーン市 (Kolin) にトヨタ・プジョー・シトロエン・チェコ (TPCA) を設立した。日本からは 2009 年には 210 社, 2000 人以上, 日系企業だけで 4 万人以上の雇用創出し, 直接投資額は総額 558 億コルナに達している。そのなかでトヨタ関連日系企業は, 投資額, 日本人数ともに 50%を超えている。先発のパナソニックなどを除くと, チェコでの日本的経営生産方式は, おおむねトヨタ生産システム (TPS) の導入といえよう。したがってチェコの日系企業特に自動車産業の進出を検討するためには TPS の概要を理解認識する必要がある。

4.3 トヨタ生産システムと TPCA

　トヨタの特色は，その経営・生産方式にあろう。その生産方式はトヨタ生産方式（TPS）とよばれ，

　トヨタの公式 HP によると「トヨタ自動車のクルマを造る生産方式は『リーン生産方式』，『JIT（ジャスト・イン・タイム）方式』ともいわれ，今や，世界中で知られ，研究されている「つくり方」です。『お客様にご注文いただいたクルマを，より早くお届けするために，最も短い時間で効率的に造る』ことを目的とし，長い年月の改善を積み重ねて確立された生産管理システム」である[2]。「トヨタ生産方式は，『異常が発生したら機械がただちに停止して，不良品を造らない』という考え方（トヨタではニンベンの付いた「自働化」といいます）と，各工程が必要なものだけを，流れるように停滞なく生産する考え方（「ジャスト・イン・タイム」）の2つの考え方を柱として確立されました。『自働化』と『ジャスト・イン・タイム』の基本思想によりトヨタ生産方式は，1台ずつお客様の要望に合ったクルマを，『確かな品質』で手際よく『タイムリー』に造ることができるのです」と規定している。

　チェコ人，ポーランド人など中欧諸国の現地採用従業員に TPS の基本思想を教え込むのには時間がかかるといわれているがこの点に留意して調査した。

　そこで TPCA や隣国ポーランドのトヨタ自動車ポーランド（TMMP），豊田自動織機ポーランド（TMIP）などの聞き取り調査をも含め，チェコ人従業員に指導している TPS 基本思想の概要をここで簡略する。

4.3.1　TPS の基本思想

　TPS では車が売れるためには魅力的な商品を開発設計し，販売部門が注文を受けると生産部門は高い品質のものをタイミングよく生産して消費者に届ける必要がある。魅力ある商品を開発し，商品力で他社にリードを保ち販売量を得ることができれば，利益確保しやすい。しかしいったんリードしても他社が同じコンセプトの商品を投入すれば販売量の増大は容易に見込めない。またい

かに優れた商品を開発できてもその時の市場環境次第で売り上げが望めない場合もある。したがって商品力のような技術的な部分だけに依拠した経営では不安定要素が多くなる。そこでいかなる市場環境であっても効率的な経営を成り立たせるためには，販売量が減少しても将来にわたり利益が確保できる強靭な企業体質を造ることが必要となる。自動車業界は供給が需要を上回っているため，売値を高く設定することで利益を確保できない。したがって生産現場では原価をできるだけ下げていくこと，コストをカットすること，無駄をできるだけ除去することが重要となる。トヨタでは，さまざまな無駄の中でも造りすぎの無駄（在庫）をなくすことを最優先と考える。ここからジャスト・イン・タイム（JIT）の考え方が生まれた[3]。

4.3.2　ジャスト・イン・タイム（JIT）

　必要なものを必要な時に必要な量だけ造るのが，TPSの根幹である。生産現場の「ムダ，ムラ，ムリ」を徹底的になくし，良いものだけを効率的に造り，消費者から注文されたクルマをより早く消費者のもとに届けることをモットーとする。その基本は下記の4つである。① クルマの注文を受けたら迅速に自動車生産ラインの先頭に生産指示を出す，② 組立ラインはどのような注文にも対応できるように全ての種類の部品を少しずつ取り揃えておく，③ 組立ラインは使用した部品を使用した分だけ，その部品を造る工程（前工程，関連工場含む）に引き取りに行く，④ 前工程では全ての種類の部品を少しずつ取り揃えておき，後工程に引き取られた分だけ生産する。

　自動車のように基本的に受注生産方式の場合，需要が絶えず変動しているので各工程が計画通りに生産してしまうと，受注されていないものを生産している間に，本当に必要なものを造れない事態が生じる。トヨタでは生産計画は，人員調整や材料手配など生産体制の準備だけにし，生産指示は実際の受注に基づいて出す。

　上記の③のようにどのような部品が必要かわからないために，部品の在庫を最小限にして，それが使われると後工程である車両工場が必要なものを前工程へ取りに行き，そこで生産指示が出るようにしているのである。この手法を「後工程引取り」とよび，その運用の手段として用いられる道具が「かんばん」

である。この後工程引取り方式を理解させることが，チェコではなかなかできないようである[4]。

「かんばん」とは長方形のビニール袋に入った1枚の紙切れである。「かんばん」には2つの用途がある。1つは後工程引取りを運用するための「運搬指示情報」，もう1つは引き取られたものを生産する際の「生産指示情報」である。この「かんばん」を使うことで，需要の微変動に対して生産指示が自動的に微調整されるので，前工程では引き取られたものの分を生産すれば，受注とかけ離れた生産をすることがなくなり，少ない在庫で済むようになる。

前工程であるトヨタ内の部品工場や協力会社が少ない在庫を維持できるように，車両工場で使われる部品は一定のペースで前工程から引き取られるようにしなければならない。これは後工程が好き勝手に取引を行うと前工程の仕事量をばらつかせてしまうからである。引取り量と種類を平均化することで，前工程は引取りのペースに見合った人員，設備，材料を用意しておけば，いつも安定して必要なものを生産することができる。

そのためトヨタの車両工場では「平準化」して車両が流れるようにしている。「平準化」の定義は2つあり1つは一定期間内の生産量を時間の流れに対して一定にすること，2つめは同じ種類のものを一度に続けて生産するのではなく均等にばらして生産することである。この「平準化」によって組立に使われる部品を一定のペースで前工程から引き取ることが可能になる。

チェコ人や欧米の従業員に，こうしたJITを教え込むのはなかなか難しい。なぜそのような細かいことをしなければならないのか，計画通りに生産して，月ごとに生産調整すればよいのではないかという，従来の生産方式というよりも計画経済時代のやり方が染みついているからである。そのためTPCA（チェコ），TMMP（ポーランド），TMIP（ポーランド）やトヨタ関連企業では，粘り強く論理で説明している[5]。そこでTPSの生みの親である大野耐一流にスーパーマーケットの販売方式を使って「かんばん」方式を説明する。スーパーは，消費者（お客）の必要とする品物を，必要な時に必要な量在庫し，いつ何を買いに来てもよい品ぞろえを目指している。そこで大野はスーパーを前工程，消費者（お客）を後工程とみなし，顧客である後工程が，必要な時に必要な量だけ前工程に取りに行くことで，前工程がムダに部品を多く造り後工程（のた

め）にためてしまう（在庫を増やす）という，それまでの非効率的な生産性を改善すると説明している。

もともとジャスト・イン・タイム（JIT）は，豊田喜一郎氏が最初の発案者といわれている。トヨタ自動車は第2次世界大戦後に在庫を抱えすぎて倒産しかかった経験がある。このとき豊田喜一郎氏は，もっとも最後の後工程を消費者ととらえ，売れた分だけ生産するというシステムを作り上げた。大量生産とスピードアップによる生産からの脱却である。大量の物財の流れ作業よりも1個流しや段取り時間の短週によって切れ目なくものが流れるシステムによる生産性向上を目指した。

この点からTPSは「作業の流れをつくる」ことが重要となり，「多数台持ち」よりも「多工程持ち」を重視する。それによって仕掛り在庫を削減できる。そのために1人の作業者が旋盤，フライス盤，ボール盤など多種類の作業ができる能力が要求される。いわゆる多能工である。後工程でもたついた作業が発生した場合にはフォローアップし，正常化したら自分の持ち分に戻るといった助け合い運動が日常化している。完全分業方式のま逆である。

このようにJITはムダの排除のための多方面の改善運動でもあり，結果的に生産性の向上とコスト削減につながっている。当然ながら民間企業であるため利益の創出は企業の最終目標であるが，以上のプロセスをみてくると，さまざまな工程での最善の努力という「プロセス」重視という日本人に親近性のある視点もはらんでいるといえよう。ムダの排除という視点ならば，短期的な景気や外部環境に左右されず長期的に最大の成果を生み出すという考え方に至る。「造りすぎ」が最大のがんであると考える。

4.3.3 自働化

TPSの基本であるムダの排除を支えるもう1つの柱が「自働化」である。ニンベンの付いた「自働化」は，製品や設備の異常を判断させる装置がビルトインされた設備のことであり，異常が発生すると自動的に止まるため，不良品が生産され続けたり，後工程に流出することがない。これにより異常が起きるとその場で設備が停止するので再発防止がしやすく，結果的に品質保証体制が堅固なものになる。また自働化により作業員が設備を常に監視する必要がなく

図表 4-2　欧米の従来の生産方式と TPS

	従来の生産システム	トヨタ生産システム
在庫に対する見方	・単機能による機械連結生産システム：規模の経済に依拠した大量生産方式，可能な限り設備能力をフル稼働するために稼働の中断を回避する在庫を持つ傾向がある。 ・多くのバッファー在庫が存在し無数のポイントにバッファーを用意する多在庫システムで，生産効率関連の諸問題に鈍感になったりロスや故障原因となる失敗に寛容	・最終製品，加工素材とともにほぼ無在庫システム：ジャスト・イン・タイムの方針のもとに，生産過剰の無駄を徹底的に排除。コンパクトなレイアウトと機械の故障を予防し，故障の際には迅速に対応する。 ・失敗の早期発見：無在庫の思想は設備性能，生産工程の弱点を明らかにする。問題解決に敏感になり生産工程の効率化を常に改善しようとするモチベーションが働く。市場変化に対する迅速かつ柔軟な対応力を生み出す。
部品調達システム	・供給契約は短期：製造会社は低コスト，短期契約の部品メーカーと契約。部品メーカーは自己資金を投資して生産性と品質を上げるインセンティブはない。 ・製造会社は，部品メーカーに設計情報を提示し，サプライヤーは設計情報通り（契約通り）に部品を生産・納入するため，部品に責任を持たない。（垂直統合） ・部品内製率が 70％と高い：大量生産方式により，部品の内製化を高めることによって，生産の垂直的統合が進み，量産効果，規模の経済性がフルに発揮できる。	・部品メーカーとの相互依存性による長期契約：製造会社，部品メーカー互いに相手の実績・経験に依存し，利益・リスクを共有するシステムの場合が多い。 ・系列サプライヤー重視の調達システム：製造会社と部品メーカーが設計情報を共有しすり合わせを行い，時には部品メーカー主体で設計・生産する。商品開発初期段階から部品メーカーは参加，初期納入コストが高い場合でも，長期では利益が出ることが多い。（水平統合・系列）
組織・作業者	・単能工主体の複雑な職務分類：欧米流の完全分業思想，労働組合に職種別に加盟，容易に職種を変更することができない。未熟練工でも従事できる単純作業も多い。 ・単能工の作業監督のための監督者や間接労働（デスクワーク）労働者を多く配置。会社幹部は現場労働者と交流が少ない。	・多能工・熟練工中心の職務分類：JIT 思想に依拠した多工程をマスターしている熟練工（多能工）が基本。作業チーム体制，自働化による品質管理，生産工程効率化のための改善運動などが行われている。現場工程のトラブル，失敗に柔軟に対応できる体制。 ・チームワーク重視の労働慣行：現場職長に生産工程の多くの権限が付与される。

（出典）　大場充晶・日本大学経済学部教授（生産管理論）によるメモ。

なり効率よく多くの設備をチェックすることが可能となる。これにより作業効率が飛躍に高まる。この目で見る管理すなわち問題を顕在化させる（見える化）ための重要な道具としてトヨタおよびトヨタ関連企業では「アンドン」とよばれる異常表示盤のシステムが設置され生産工程の異常が一目でわかる仕組みとなっている。

トヨタは他社に遅れて，1984年にはじめての海外拠点としてアメリカに進出し，GMと提携した工場を設立した（NUMMI）。しかし当時は，一部の部品メーカーが追随して進出したものの，部品調達をトヨタはGM関連企業を中心としたアメリカの部品メーカーから行う計画であった。しかし，トヨタと部品メーカーとの関係は，短期的なコストのみの契約関係というよりも，部品メーカーとともに部品を開発していくという長期協力関係で成立している。アメリカでの部品メーカーとの関係は，細部にわたる膨大な設計図，マニュアルをはじめとした書類と契約書を作成する必要があり，かつ部品の改良，改善などの調整は日本企業のような暗黙の関係が存在しないために，調達および調整に多くの時間を要することとなった。

さらにアメリカでは労務関係で日本と異なった事態に直面した。NUMMIでは，GMとの合弁であるために，GMの労働者が加盟しているアメリカの労働組合UAWに，NUMMIの労働者も原則的に加盟していた。アメリカでは100以上の職種に細かく分けられた労働規約があり，労働者を別の職種に移動させるためには労組の許可が必要であった。これに対してTPSでは，労働者が他の職種も含めた知識の共有化が原則となっており，熟練工になればなるほど多機能工として高く評価される。すなわちトヨタはアメリカで生産現場における知識の共有あるいは分業化という「文化」の違いに直面したといってよい。こうしたことからトヨタが外国に進出する際には，トヨタ関連の主要な部品メーカーを引き連れるのが慣例となっている。1998年のフランス，2001年のチェコ進出でも同様の傾向が見て取れる。2000年前後から協豊会をはじめトヨタグループのさまざまな会合において，トヨタがチェコ進出することと，現地で1000 ccクラスのコンパクトカー生産計画が，グループ企業に伝達された。これは暗黙に現地への主要部品メーカーの進出を促すものであったといわれている。しかしながら計画されたその生産台数が10万台ということで，部品メーカーにとって，原則としてトヨタ向けの生産だけでは採算が取れないとのジレンマがあった。したがってトヨタのみに部品供給を依存しているメーカーのチェコ進出は現実的に難しく，すでにドイツやフランスなどの他の自動車メーカーとの取引があるような部品供給先が安定かつ複数である部品メーカーがチェコおよびポーランドに進出してきたのである。

他方，トヨタにも他の外国生産工場と異なった事情がTPCAには存在した。それはプジョーとの対等な資本関係である。この合弁はトヨタが欧州でのコンパクトカー生産および市場獲得のために，トヨタが異なる企業文化を取り入れる絶好の機会でもあった。他方，プジョーにとっては世界的に有名なトヨタ生産方式を直接に経験できる機会であった。こうして両者の利害が一致して提携が実現した。そのためトヨタが生産現場を担当し，プジョーが財務部門と部品調達を担当することとなった。

　前述のようにトヨタ生産方式の原則の1つには，関連部品メーカーとの長期的関係があり，部品メーカーと一体となって製品開発を行ってきた伝統がある。しかしプジョーの部品調達は，短期でかつコスト（価格）重視の厳格な基準がある。部品メーカーは，調達担当がプジョーであるために，フランス・パリのプジョー本社において，部品のプレゼンテーションをしなければならなかったときいている。これまではトヨタとの暗黙の長期取引関係を原則としていたトヨタ関連の部品メーカーにとって，こうした方式は不慣れであるために契約成立に至らなかったトヨタ関連部品メーカーが存在した。すなわち一部のトヨタ関連メーカーの製品がトヨタの自動車に装備されなかったという，トヨタにとってはあまり例のない事態が発生したといっても過言ではなかろう[6]。換言すれば，チェコにおいてはトヨタがこれまでの生産ネットワークの再構築を事実上推進していると同時に，トヨタ関連部品メーカーにとっても，トヨタとの良好な関係を維持しながらも新たな調達先を開拓するという，グローバル化と脱ケイレツ化という新たな事態に直面したといえよう。

4.4　トヨタ生産方式のチェコへの適応

　日本型生産・経営方式の一つといわれるトヨタ生産方式TPSが，はたしてチェコ人労働者にあるいはチェコに根付くであろうか？　その答えを出すのは時期尚早であろうが，若干検討したい。

　前述のようにTPSの柱にはJITという考え方がある。さらにそのなかには，効率的な生産のためには，常に生産現場でのカイゼンが必要といわれている。

すなわち生産現場で,常に進化することが,トヨタ生産方式の「精神」でもある。

トヨタ自身が海外へ進出して経営している場合には,この「精神」も同時に移植すると思われるが,他の企業がトヨタ生産方式を導入したり,トヨタが経営・生産現場から撤退した場合には,当然のことながら状況が一変する。単にトヨタ生産方式を導入する場合,日本の郵政公社などでもこうしたケースが見受けられるが,導入当初はムダをなくし効率化できるために,一般的に目に見える形で成果があがる場合が多い。

しかしトヨタ生産方式の真の意味でのカイゼンは,常に改善することにある。前述のGMは,1980年代にトヨタと提携してTPSを学んだにもかかわらず,こうした精神を継続して実施してこなかったとみる専門家もいる。それだけでなく欧米では,現場での経営・生産方式は,細かなマニュアルが必要で,だれでも理解できる表現・言語で文書化される。しかしトヨタのカイゼン方式は,現場でのすぐに言語化できない工夫や職人的技巧の領域も含まれるので,すぐにはマニュアル化できない場合が多い。

上記のようなトヨタ生産方式の海外への移転の困難性は,繰り返しになるがカイゼンの背景にある暗黙知や知識の共有性のような企業文化,生産文化に根付いているように思われる。東京大学の藤本隆宏は生産システムの設計思想の違いがアメリカと日本にあると指摘する［藤本他（2001）］。すなわちこの設計思想は日本のような,さまざまな部品を1つ1つすりあわせて製品の機能と製品の構造にかんして最適に統合する「すりあわせ型」と,アメリカのようなすでに出来上がったものを箱に入れて組み立てる「モジュール型」に分けられる。前者は日本が得意とする分野であり,後者は構想力やシステム構築能力が高いアメリカや中国が得意とする分野である。パソコンの組み立てを想起すると容易であろう。箱の中にさまざまな部品を備え付ければ多少の知識があれば個人でもパソコンは組み立てられる。モジュール型では,この考え方を自動車に応用したものである。ダイムラーベンツの小型車スマートはこの設計思想を徹底化してできた車である。これに対し,走行性,乗り心地,燃費などの機能とサスペンション,エンジン,ボディなどのハード面を,全体のバランスを考慮しながら組み立てていくのが,トヨタを代表とする日本の自動車製造の思想である。

さらに藤本は,競争環境がオープン（世界標準）かクローズ（護送船団方式

図表 4-3　モノづくり精神の日本と欧米比較

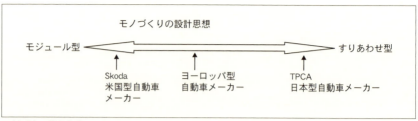

(出典)　著者作成。

あるいは囲い込み）か，設計思想がオープン（モジュール）か囲い込み（すりあわせ）かという，4つの局面に分類した。自動車は設計思想がすりあわせ型，競争が囲い込み型で日本の得意分野である。パソコンは設計がモジュラー型，競争もオープン型というタイプである。またブラウン管テレビはモジュール型，高度な技術を要する液晶・プラズマテレビはすりあわせ型と分類される［藤本(2003)］。このように自動車産業は，アメリカのモジュール型，その対極に日本のすりあわせ型が対峙している。欧州では小型車メーカーがモジュール型，高級車製造がすりあわせ型が多いといわれている[7]。特に職人気質が強いドイツは，この分類では日本とアメリカの中間に位置しているといわれている（図表4-3参照）。

フォルクスワーゲンは，欧州でいち早くモジュール型生産を，チェコのシコダで導入した。シコダではマニュアルトランスミッションをフォルクスワーゲン・ポロ（スロヴァキア），ニュービートル（メキシコ）に供給し，エンジンをSEAT（スペイン），フォルクスワーゲン全般に供給している。同様にハンガリーやポーランドのフォルクスワーゲングループ企業が他の製品にモジュール供給をしている。こうしてシコダでは広大な工場敷地を有効利用してモジュール組み立てを行っている，いわば欧州を代表するモジュール型自動車生産基地である［池田(2004)］。

他方，TPCAではトヨタとプジョー・シトロエン関連部品メーカーから供給される部品をコリーン工場で，基本的にすりあわせ型設計に基づいて生産している。とりわけトランスミッションとエンジンはポーランドのトヨタ工場から搬送されている。

このようにチェコでは，基本設計がまったく異なる2つの「モノづくり哲学」が共存しているのである。教育水準の高いチェコの労働者は2つの哲学を理解して生産するであろうが，はたしてどちらの設計思想がチェコ人に適しているのであろうか。それともいずれの設計思想を比較的短期に受容できるのであろうか。藤本がいうローエンドの中コストすりあわせ型生産が中欧諸国で可能なのだろうか。さらにトヨタをはじめとする日系自動車メーカーがロシアや他の欧州地域に進出した際に，どのように適応させるのであろうか。

基本的には自社工場での教育訓練が徹底していればいずれのモノづくりのタイプであれ操業に支障がないと思われるが，チェコを事例として，一般論としてどのようなことが考えられるであろうか。第一に労働者の分業意識があげられる。チェコでは，原則的にアメリカと同様に労働者は，細かい職域が決められており，異なる職域の製造を行わない伝統がある。これは教育制度の中でも伝統的に残っている。さらに労働者の中での区別・差別意識が強い。工業高校出身，大学出身，大学院出身などの区別意識は日本人が考えている以上に強い。第2に労働者の欠勤率の高さが問題となっている。チェコの医療保障制度は疾病者の保護意識が強く，風邪などの軽い病状でも1週間以上欠勤する労働者が多い。その間，賃金の6-8割に相当する医療補助金が支給されるので，労働者の欠勤モチベーションは高い。欠勤率が低い日系企業で8%，同様に高いところで30%近い企業も存在していた［池本（2003）][8]。

これら2つの問題は，日本的生産システムの下で熟練工・多能工を育成することの障害要因となる可能性がある。すなわちトヨタおよびトヨタ関連企業だけでなく，異なる関連職域の労働をこなす多機能工の育成は，日本では特別のことではない。これは生産現場での知識の共有のための重要な要素でもある。「すり合わせ」という知識共有型の設計哲学のもとで生産を続ける限り，これらの点が注目される[9]。

4.5 チェコの問題点1：国民性

前述のようにチェコへの外国企業の投資要因としては，(1) 伝統的な工業国

であること，(2) 多くの熟練工，マネージャーの存在，(3) 西欧諸国への隣接という地理的優位性，(4) 比較的整備されたインフラ，(5) 西欧に比較して低い労働コスト，(6) 投資インセンティブの導入，(7) EU 加盟による関税など障壁の撤廃，などの優位性があげられる。他方，2003 年から筆者が日系自動車関連企業を中心に実施してきた現地調査によると，(1) チェコ人のメンタリティ，(2) 日本の経営生産方式の適応，それと関連した (3) 工場労働者の欠勤率，それ以外にチェコ政府の対応[10]などの点を，日系企業幹部は指摘している。この 3 点は，チェコへの日本的経営生産方式の適応という視点では看過できない問題であろう。代表的な日本的経営生産方式である TPS の構成要素は，実は日本の戦間期から存続する日本的システムが基盤となっていることに注目したい。終身雇用，年功序列，企業内組合，教育，ケイレツなど生産ネットワークなどの諸制度が存在し補完しあっていることが TPS 成立の基本条件となっている。チェコ人の国民性，欠勤率などの問題は，TPS を支える基本要素であり，これらの問題によってチェコに日本的経営生産方式がどのように適応するかという問題の糸口になろう。

　チェコ人のメンタリティに関しては，いずれの調査企業も，おとなしい，まじめ，論理的，上昇志向の欠如，忠誠心の欠如などを共通に指摘していた。別の視点からみれば，常に周辺の大国に支配されながらも，「そこそこ」の生活水準を維持してきたチェコの知恵がそこにあるのかもしれない。チェコの支配国に対する抵抗は，国民的小説『兵士シュベイクの冒険』や「プラハの春」改革運動を阻止するために侵入したワルシャワ条約軍戦車に向かって抗議するチェコ人が，典型的な事例であろうが，そこには明示的な抵抗をせず，暴力より言葉で意思表示をする傾向があるように思われる。したがって支配者，政府，企業などの権威に対する懐疑的な姿勢，忠誠心の欠如はチェコ人の典型的な行動様式といえよう。会社のために夜遅くまで働く，あるいは過労死はチェコ人には考えられない事象であろう。

　また，これに関連して，権威的支配者から，「がみがみ」云われるのを好まず，それに対し目に見える顕在的な言動よりも，やや屈折した表現を好む傾向がある。日系企業幹部からは，勤勉ではあってもマイペース，上昇志向の欠如，簡単に人を信じない，ストレートに反抗しない，労働意欲がない，感情より論理，

法に従う，象徴的表現より数値目標を好む，などの指摘は正鵠を得ていると思われる。また別の日系企業幹部はチェコ人は何か指示を出すと「できない」と答える傾向があり，これは本当はできるけれどもやりたくないあるいは面倒くさいと思っているために，あえて「できない」という傾向があると指摘していた。

　他国との国民性比較で，議論になっているのは，チェコとポーランドに工場を持つトヨタの見解である。一般にトヨタのポーランド工場労働者とチェコの労働者を比較した場合，ポーランド人労働者の質が高く，労働意欲も高いとの指摘である。これはポーランドではトヨタのイメージが極めて高く，トヨタに勤務するということは一種のステータスにもなっていてトヨタポーランドの労働者の質は，一般ポーランド人労働者よりも高いことも一つの要因であろう。実際に2012年9月，2013年1月の現地調査でポーランド人従業員は，日系企業への適応力がトルコ工場同様に高く，会社への忠誠心もあるという。トヨタ織機ポーランドでは企業幹部が，ポーランド人は日本人に近いというコメントをしている。チェコとポーランドに工場を持ち，同様の生産方式を採用している点から，きわめて興味深い見解である。対照的に，チェコとポーランドの国境近くに工場を持つデンソーチェコでの聞き取り調査では，一般のポーランド人労働者の質は一般チェコ人労働者の質と同等かそれを下回るという見解が留意される。複数のチェコ駐在商社での聞き取り調査では，トヨタが指摘するポーランド人労働者が優秀という意味は，チェコ人に比較して忠誠心，労働意欲，トヨタ生産システムへの適応力などが相対的によいとのことである。

　またチェコ人は細かいところまで論理的に説明する必要があり，納得するまで議論することが多いというのが各企業を調査したときの共通の指摘であった。たしかにチェコ人は論理的な方法たとえば数値目標などで具体的に示す方法を好む。日本のように「あうんの呼吸」や説明抜きで指示を出した際に素直に従うのを好まない。ある日系企業幹部は，議論の手間と時間を，チェコ工場に比較して「イギリスは半分でよかった，メキシコは強制的指示でよかった」と指摘している[11]。ハンガリーのデンソー工場を訪問した際には，ハンガリー人従業員に対していちいち細かいところまで論理的に指示することは滅多にないと指摘していた。トヨタの見解は，おそらく細かいところまで納得いくまで

論理的に説明する手間が，相対的にポーランド人よりもチェコ人の方がかかるということであろう。さらにトヨタに対する愛社精神（いわば忠誠心）やカイゼンへの対応にも国民性の違いが出ているのであろう。したがって後述するが日本的経営の適応の視点ではポーランド人はチェコ人よりも受容しやすいと解釈できるかもしれない。

　だからといって前述のようにすべてのポーランド人労働者がチェコ人労働者よりも優秀なのかという点に関しては，デンソーチェコ幹部が興味深い指摘をしている。デンソーはポーランド南部の労働者を臨時工として 300－400 名雇用している。ポーランド人が特に優秀というわけではないが，ポーランドよりも賃金が高いので基本的にまじめに働く。逆にポーランドの労働者はよく酒を飲む，それもビールではなく強い酒たとえばウォッカを好むので飲み過ぎた場合，朝 6 時のシフトに間に合わない場合があるという。そのために働きたくない，起きられない，早番はいやだなどなどの理由の欠勤はある，との指摘は興味深い。

4.6　チェコの問題点 2：日本的経営生産方式

　日本的経営生産方式に関しては，対内（対従業員）および対外（調達，販売）の点から検討する必要があろう。ここでは聞き取り調査から対外的問題に絞って検討したい。一般に自動車産業における日本的な商取引は，ケイレツとよばれる長期的取引が慣行となっている。部品調達の際に，コスト（価格）を最優先する欧米企業と異なり，基本設計の時点から部品メーカーとすりあわせを行い長期スパンでコストカットを行う TPS とは，取引慣行が根本的に異なっている。そのために TPCA では，前述のように日系の有力系列メーカーの部品を調達できない事態が生じ，10 年近く経過した 2011 年 3 月現在でも，デンソーチェコは自動車用エアコンの受注が実現していない。さらにコイトチェコはトヨタ（TPCA）との取引はほとんどないといわれている。

　そこで聞き取り調査から，チェコにおける対外的取引について以下検討したい。コイトはトヨタ系列の世界的な部品メーカーである。同社での聞き取り調

査はチェコでの TPS 導入の典型例として注目されるだけでなく，取引先が欧州企業という点で，調査研究上きわめて有意義と考えている。

「お得意様の一つはルノー，2002 年にはいってからルノー関係者がこの工場を訪問して，ある部品を持ってきて，同じものが作れるかと打診してきた。そこで 2009 年 9 月からルノーのために工程変更をしたが，しかし取引形態がこれまでの商慣習と全く違うのでかなり戸惑っている。ルノーは徹底したコスト削減主義で，これが品質よりも最優先となっている。不良品率があるのが前提なのがルノー，こちらは不良品率ゼロを目指すのが基本方針なのである。ルノーは設計図から契約まで膨大な数の書類を持ってきた。伝統的なモノづくりを実践しているコイトには違和感が最初からあった。日本では取引が長期化すると身内のような感覚になる。トヨタのように古い顧客の場合には，長期的に生産計画通りに生産できるので，こちらも安心して経営できるが，ルノーは突然，部品変更や注文数が増減したりして，そのあとのフォローもないので，工場としての生産能力（計画）を安定したものにするのが困難である」

「対ルノーの取引は全体の売り上げの 30％，製品件数では 50％だが先述のような取引形態なので安心できない。それに対し同じ新規顧客のポルシェは，売上で 50％，製品件数 40％くらいだ，そのほか，トヨタヤリスのリアランプを作っている，こうしてチェコに来て英国よりもますます欧米の企業文化の違い，モノづくり文化の違いを痛感している。ルノー，VW などは自動化，モジュール，オートマチックラインが標準だが，日本ではすりあわせ，自働化，手作り化などが基本ということができる。そのなかでポルシェは，欧州の企業だが，日本のモノづくり文化に近いすりあわせの伝統がある，仕事がやりやすいし，部品の打ち合わせの時や取引形態も含め，共通するもの，なにか親和性があるように感じる。それはなんというか職人気質のようなものを感じる」

「モジュール式の生産方式は，簡単にいえばレゴブロックやパソコンのように，まとまった部品群を組み立てる方式で，運搬，倉庫，組み立てに場所を必要とする。日本には地理的にそんなに広大な工場用地確保は難しい。ジャスト・イン・タイムは，コスト，場所，労働力をセーブする完成度の高い生産方式だと考えている」

「日本の労働者は長期・安定雇用を前提によく働くし休まない。ロイヤリ

ティ，団結心，労働意欲がある。チェコ人は優秀だが，欠勤率，定着率が低く困る。つまり手作業にばらつきが出るので，これが欠品が出やすくなる要因となる。トヨタシステムにはこれが致命的になる」

「チェコでも日本的経営方式の導入は可能ではあるが，やりすぎてはいけないと思う。チェコではデンソー，豊田合成，東海理化などで TPS の訓練を行っている。デンソーは訓練センターをつくり，そこにお金をかけている。他のトヨタ系企業は予算的にそこまで徹底させるのは無理かもしれない。逆に現地熟練工に少し裁量を与える方式のほうがうまくいくかもしれないと考える，チェコ人は表面的には反抗的ではないけれども，理屈が通らない時は納得しない。日本的な物分かりのよさは期待できない」

「チェコ進出の日系企業の中には，中小規模のところで，日本人トップが，日本的経営をチェコ人に無理に押し付けているところがある。これは逆効果だと思う。無理やり実行しても良くない。じっくり5，6年かけて，日本・チェコのハイブリッドな独自方式を作り上げるのが結局は早道だろうと思う」

またデンソーチェコでは下記のように述べている。

「設計すりあわせは，日本あるいはドイツのテクニカルセンターで行っている。基本設計はドイツと日本，チェコでは顧客の製品の応用設計を行っているがこれに十分に能力あるチェコ人技術者を多数抱えている。応用設計のすりあわせはトヨタと行うのも欧州企業と行うときも基本的には変わらない。問題は車のモデルチェンジがあった場合，欧州企業は新たな契約をしなければならないが，日本の場合は長期にわたって顧客となってくれる。契約を失い売り上げを数十％失うことは，欧州企業との取引では珍しいことではない。しかしトヨタの場合にはモデルチェンジで仕事を失うことは基本的にない」

以上のようにチェコの日系企業は，欧州に進出している日系企業との間に従来の慣行のままの取引と同時に，欧米企業との間ではコスト重視の取引を実施している。欧米企業との取引で生じる大きな問題は，その商取引が短期であることとコスト重視の基本方針であろう。2011年2月の聞き取り調査においても生産が急に落ち込んだ企業が存在した。

4.7　チェコの問題点3：欠勤率

　チェコの日系企業の最大関心事は，進出当初からの従業員の欠勤が多いことにある。日本では2-3％程度の欠勤率がチェコでは多い工場で2003年当時その10倍に達していた。同じ社会主義体制であったポーランドやハンガリーでも10％を超えることはほとんどない。たしかに大陸欧州諸国は一般に労働組合の影響力が強いので欠勤率は10％を超える国もある。しかしながらこれらの周辺諸国に比べてもチェコの欠勤率は高い。その要因は(1)労働法で欠勤が保護されている，(2)社会主義体制の遺産，があげられよう。

　まず労働法ではビロード革命後は欠勤の場合，手当は最初の2週間は給与の80％支給されることとなっている。これは土日もカウントされるために，欠勤してもほとんど給与と同水準の手当が入るため休む労働者が多かった。特に旧国有企業が位置する工業都市では多くみられた。旧社会主義体制下では30％以上の欠勤もみられ，こうした労働慣行が長く続いていた。ところが，日系企業など外国資本からの政府へのクレームから，次第に労働法など法規制が厳しくなり，現在では欠勤最初の3日間は無給，その後欠勤21日までは欠勤者の手当は雇用者が給与の60％を負担，22日目以降は社会保険庁が負担することになった。これにより，欠勤手当を企業側が負担する割合が多くなったため，長期欠勤者や欠勤常習者に対しては，電話チェックや家庭訪問などモニタリングする日系企業が多くなった。

　しかしながら現在でも欠勤に対しては周辺諸国にくらべてもまだ手厚いといわれている。それは有力政党である社会民主党の支持基盤が労働者であり，法規を厳しくすることに消極的であるだけでなく，社民党と対立する市民民主党でさえも労働者をストレートに敵に回すことを避けている。

　さらに社会主義体制から続く「緩い」労働慣行の遺産も見逃せない。社会主義時代から，医者は患者に対して軽度の風邪でも2週間程度の治療必要との診断書を簡単に発行していた。現在に至ってもその慣行は続いており，医者から容易に診断書を発行してもらう労働者が多く，慢性的な欠勤が続く大きな要因

である。また1968年「プラハの春」改革運動後の正常化政府は，国民の不満を少しでも抑制するために，労働慣行がかなり緩和され，さらに欠勤が目立つようになった[12]。また社会主義時代の慢性的なモノ不足のなか，物資を購入することが日常の大きな関心事にとなり，仕事を集中してできない状況が長期間続いていた。これは東日本大震災直後の首都圏のモノ不足と買い物パニックを想起すれば容易に理解できると思われる。これまで論じてきた忠誠心どころでなく，欠勤が多かったのも理解できよう。

しかしながら，2011-13年に現地で聞き取りした結果，欠勤率の高さに関しては，予想に反して5-10％であることが判明した。その背景として日系企業の進出が10年を経過して，日本的経営生産方式を含め日系企業の経営とりわけ労務対策も各社独自の工夫も含め安定してきたことが大きな要因であろう。また10年経過し，社会主義体制を経験した労働者が次第に減少し，さらに2000年代に雇用した若手従業員が結婚や子供（ファミリー）を形成し始め，安定志向の労働者が次第に多くなってきたことも大きい。

企業レベルの雇用調整で，欠勤を繰り返す不良労働者を慎重なやり方で解雇あるいは説得する方策の効果が出始めていると思われる。また2007年以降の

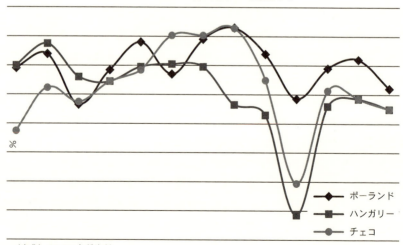

図表4-4　中欧3カ国の実質GDP成長率より

（出典）OECD各種資料

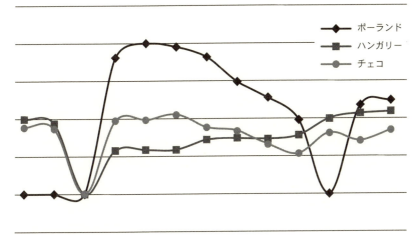

図表4-5　中欧3カ国の失業率（％）

（出典）OECD各種資料

　リーマンショックと景気後退によって労働市場が売り手市場から買い手市場のシフトし，安易なジョブホッピングができなくなってきたことも大きな要因であろう。

　企業は欠勤を減少させるためにフロアー労働者の賃金体系を固定給一本から固定給プラス変動給（能力給）中心に移行し，そのために欠勤の多い労働者と皆勤の労働者との間に賃金格差をつける制度を導入した。

　また日系企業同士で，労務対策，インセンティブなどの情報交換を日常的に行っており，特にトヨタ系企業では親密に情報交換をして，日系企業同士の従業員の取り合いを回避している。

4.8　おわりに

　これまで検討してきたようにトヨタ（TPCA）と関連部品供給メーカーの進出は，チェコ経済にとって大きな意味をもっているだけでなく，彼らの進出は，単に生産，貿易，雇用だけでなく「モノづくり」という観点からも大いに注目

されよう。長期雇用，多能工，すりあわせ生産，ケイレツなど日本的生産方式の移転をグローバリゼーションに対比させてジャパナイゼーションと指摘する場合がある（河村［2005］）。今後もチェコやその他のスラブ文化圏でこうした生産方式がどのように適応するのか，あるいは進化するのかを継続して調査したい。また繰り返しになるが TPS の構成要素は，終身雇用，年功序列，企業内組合，教育，ケイレツなど生産ネットワークなどの諸制度が存在し補完しあっていることが TPS 成立の基本条件となっている。とはいいながら日本で実践されている日本的経営生産方式をそのまま移植するのは無理があろう。聞き取り調査にもあるように，現地化を進めて，ある程度チェコ人に裁量を与える方法で独自の経営生産方式を確立させる企業が多い。

　2011 年以降の聞き取り調査で明らかになった日本的経営生産方式の前提条件になる「欠勤問題」がほぼ改善している点は大いに注目される。これまで著者が指摘していたチェコでの高い欠勤率問題が改善すれば，すりあわせを基本とする日本的経営生産方式の適応がチェコで可能になる前提となり，日系企業の進出の有力候補国となろう（池本他［2009］）。

注
1　シコダ（Skoda）自動車は，もともと 1851 年にピルゼンで設立された機械工場を Emil Skoda が 1869 年に買収して発展した総合機械企業である。自動車生産開始時期は 1905 年と世界で 3 番目に古く，1930 年代には Skoda Superb というブランドの車で世界的に有名な企業になった。1991 年にフォルクワーゲンに直接売却され，現在ではフォルクスワーゲンが 100％株式を所有している。シコダ自動車の生産はチェコ経済の牽引車の存在で，年間生産は 45 万台，13 の生産拠点，チェコ国内に約 100 の関連企業を持ち，生産台数の 80％を輸出しており，これはチェコの全輸出の 9％を占めている（2004 年）。
2　トヨタ自動車公式サイト（下記参照）。
　http://www.toyota.co.jp/jpn/company/vision/production_system/index.html
3　注 5 参照。
4　文末の現地調査メモを参照。
5　対照的にポーランドでは（TMMP，TMIP），理詰めでなくても，これがトヨタ方式であるということで指示すると，予想以上に理解するとのことである。
6　TPCA の聞き取り調査によると部品調達の割合はトヨタ系列が 3 分の 1，プジョー系列が 3 分の 1，残りがその他となっている。一般的な海外のトヨタ工場ではトヨタ系列からの部品調達が 5 割以上であるとのことであった。文末の聞き取り調査を参照願いたい。
7　藤本の指摘のように，チェコの日系企業との聞き取り調査では，VW やルノーより BMW やポルシェとの取引に親近性があるとの興味深い指摘を受けた（2006 年 3 月の聞き取り調査）。
8　いずれも 2007 年現在の現地調査結果で，その後の変化は後述する。
9　もともとチェコでは労働組合であるチェコ・モラビア労働組合 CMKOS は，体制転換後に設立

されたが，その組織率は全労働者の25%（70万人）と低く，日系企業のなかで組合が組織されていても大きな存在とはなっていないため，アメリカのような多能工育成の障害とはなっていない。問題は労働者間の職域区別意識にある。そこで多能工育成のために，複数の工科大学に日系企業は生産工程論など冠講座を設けたり，デンソーのように工場敷地内に研修センターを設立させて，日本的生産方式への親近性を高めている。またTPCAをはじめ日系企業の一部は，幹部従業員を世界各地のトヨタの生産拠点で研修させている。

10　チェコ政府（チェコインベスト）の対応に関しては，日系企業は共通して，ハンガリー，ポーランド政府に比較して，外資企業の誘致を積極的に「セールス」していないと指摘している。元来おとなしい国民性が大きな要因と思われるが，それ以外に主要政党のODSが産業政策（特に外国資本誘致政策）に消極的であること，外資製造業の進出が飽和状態に近づいてきていること，インセンティブの重点がR&Dにシフトしていること（日系企業は一般的にR&Dインセンティブに大きな関心を有していない），チェコインベストに人材が払底していること，などがあげられる。

11　ある日系企業は，チェコ人は論理的，たとえば日本語の「ちょっと」の意味が理解できないし日本のような阿吽の呼吸がなかなかできない。たとえば岐阜工場で「気持ち右へ」といったらさっぱりわからなかった，そこで工程管理を含めあらゆるものを数値化した，という。

12　正常化政府は，「そこそこ」の生活水準を国民に提供するかわりに政治状況に口を出すなという「暗黙の契約」を結んでいるといわれていた。

参考文献

CSU, *Statisticka Rocenka Ceske republiky, Prague*, (Prague, CSU).（各年版）
CzechInvest, Annual report（Prague, CzechInvest）.（各年版）
CzechInvest, *List of the Selected Investors in the Czech Republic*（Prague, CzechInvest）.（各年版）
Hospodarske Noviny（チェコ経済新聞）.
池田正孝（2004）「欧州におけるモジュール化の新しい動き」『豊橋創造大学紀要』第8号。
池本修一（1995）「チェコ・スロヴァキアにおけるクーポン私有化に関する一考察」『一橋論叢』第114巻，第6号。
池本修一（2003）「チェコにおける産業構造の特色と日系企業の投資環境」『経済集志』日本大学経済学研究会，第73巻，第3号。
池本修一・松澤祐介（2004）「チェコの体制転換プロセス：擬似「金融資本主義」の破綻と「正常化」に向けての模索」，西村可明編『ロシア・東欧経済』日本国際問題研究所。
池本修一，岩崎一郎，杉浦史和編著（2009）『グローバリゼーションと体制移行の経済学』文眞堂。
河村哲二編（2005）『グローバル経済下のアメリカ日系企業』東洋経済新報社。
藤本隆宏・武石彰・青島矢一（2001）『ビジネス・アーキテクチャー』有斐閣。
藤本隆宏（2003）『能力構築競争』中央公論。

第5章
チェコのトヨタ系企業の投資動向：まとめにかえて

5.1 はじめに

　チェコの日系企業は，2001年のトヨタの進出を頂点に，自動車産業では約20社が操業を続けている。もともとチェコは自動車産業など機械産業が盛んな地域であるが，1998年に外国資本誘致政策を導入して以来，日本の自動車企業，特にトヨタグループはチェコに進出した。2008年のリーマンショックによって各社の業績はおおむね頭打ちしているのが現状だが，この景気後退局面は欠勤率の大幅な改善という事態をもたらした[1]。チェコでは，チェコ人従業員の欠勤率が高いことが外資企業共通に抱えてきた課題であった。リーマンショック前は，好景気を追い風にして，チェコ人従業員は好待遇（労働時間や給与面など）の職場に，ジョブホッピングするのが多く見られた。しかし，リーマンショックによる景気後退は労働市場の縮小をもたらし，好待遇の職場を探すことが容易ではなくなったことが第1の要因である。第2にトヨタグループが進出に際して導入した日本的経営方式（たとえばトヨタ生産システムTPS）が次第に定着したことも大きい。それと同時に労働法などの諸法規によって欠勤にともなう補償（手当）が容易に取得できなくなったことも大きい。

　トヨタ生産システムをはじめとする日本的経営方式は，伝統的に定着している長期雇用，年功序列による待遇と給与，生産現場における熟練工特に多能工の育成が前提となっている場合が多い。この方式を，1989年まで社会主義国であったチェコをはじめとする中欧諸国に，進出に際して導入してきたのであるが，チェコでは欠勤率の高さはこうした日本的経営方式導入の大きな障害となっていた。欧米で伝統的に挿入されている完全分業方式の下では，こうした

欠勤は致命的なものにはつながらない場合があるが、生産現場を持ちまわるTPSのもとでは、生産に大きく影響する。操業開始初期段階で多くのトヨタグループ企業がこの欠勤率の高さに苦慮していた。ところがリーマンショックの影響で生産規模の拡大は頭打ちになっているものの、上記3つの要因で、欠勤率をはじめとする雇用・労務対策は大きく改善したといえよう。

本章では、チェコにおける日系企業の投資動向をサーベイしたのち、2010年以降にトヨタグループ企業訪問で実施した聞き取り調査をもとに、日本的経営方式特にTPS導入がどのように行われ、どのような成果が上がっているかを、特に労務対策を中心に整理・検討する。訪問したトヨタ系10社での聞き取りメモは図表5-1に掲載したが本章ではトヨタ生産方式TPS、トヨタ・他社との取引関係、給与関連、人事の現地化、欠勤・離職率、労働組合関連、雇用関連、調達関連、従業員気質（国民性）に項目を絞ってまとめてみた[2]。また特に3章および4章と内容が重なる箇所もあるが、今回の調査を忠実にトレースするため、そのまま記したい。

5.2　トヨタ生産方式

図表5-1に掲載した10社によると、TPSはおおむねチェコ人従業員に適応していることがわかる。直系のTPCA、TMMP、TMIPをはじめデンソー、豊田合成、東海理化などではTPSの基本訓練に力を入れているといわれている。とくにデンソーには訓練センターが本社工場隣接して建設されていた。TPCAでは、「まず言えることは、ここ数年でチェコ人従業員の意識が変化、成長したと思う（社長談）、TPSにおおむね適応していると評価している。QCサークルを最近始めている。2、3のグループが活動している。品質管理は見える化を徹底、これが本質だが、プジョーの徹底したコスト管理姿勢を学んでいる。調達、マネージメント、他社とのさまざまな提携のやり方などを学んでいる。プジョーが調達、トヨタが開発生産を担当している。これは操業当時からかわらない。プジョーは発注行為前に、サプライヤーに詳細な見積もり、試作品をつくらせ厳密にコスト計算する。これが、まず発注ありきのトヨタ式

表5-1 聞き取り調査メモ（2006年－2013年）

	TPCA	デンソー	コイト	アイサン	青山製作所
TPS関連	まず言えることは、ここ数年でチェコ人従業員の意識が変化、成長したと思う（社長談）。TPSにおおむね対応している、と最近評価している。QCサークルを最近動かしている。2、3のグループが活動している。品質管理は見える化を徹底、これが本質だが、チェコ人の徹底したコスト管理姿勢を学んでいる。調達、マネージメント、他社との様々な提携のやり方などを学んでいる。プジョーとはおおよそ尊重して操業しているがたしかに合弁は面倒な部分があるし、意思決定に時間がかかる。プジョーは調達、トヨタの開発段階、プジョーは発注行為前に、サプライヤーに見積もり、試作品を作成させ厳密にコスト計算する、まず合弁ありきのトヨタ式ではないこととなる。チェコ人はレベルが高いと思う。標準作業を訓練、マニュアル順守の徹底化、トヨタ方式はチェコ人従業員にはロジックの塊、理詰めで対応、阿吽の呼吸は通用しない。	工場横に従業員トレーニングセンターを設立し、職業訓練を専門に行っている。	日本の労働者は長期、安定雇用を前提にして働くし休まない、ロイヤリティ、団結心、労働意欲が高い、欠勤率、定着率が低く困る。つまり手作業にばらつきが出ている、これが欠品が出やすくなる要因となる。トヨタシステムにはこれが致命的になる。JITは、コスト、場所、労働力をセーブする完成度の高い生産方式だと考えている。チェコでも日本的な経営方式の導入は可能ではあるが、やりすぎはいけないと思う。現地熟練工に少し裁量を与える方式のほうがうまくいくかもしれないと考える。チェコ人は表面的には反抗的に出ないけれども、理屈が通らない話は納得しない。日本的な物分かりのよさは期待できない。じっくり5、6年かけて、日本・チェコのハイブリッド的独自方式を作り上げるのが結局は早道だろうと思う。	日本人的経営 細かい手順まで教える、カイゼンを推奨、スイッチが右か左かだけではなく論理的に教える、部品は品番読み先に先だしなど写真を提示して教える。QCサークルは実施していない。カイゼン業務は作業者とリーダーをラインに入れる。	品質管理の徹底による自工程完結。コスト競争力は労務費などの地域特性を生かしてTPSによるムダの徹底排除。納期は後工程引き取り方式による100% on-time deliveryの実践。2003年間から5年間で後工程引取り方式の定着を図った工場実現。工程で品質保証実現。日本のモノづくり技術がチェコ人に移転実現したと評価している。品質管理は2012年より1サークル立ち上げ、まだ立ち上げたばかりでQC手法の勉強から始めるがなかなか日本式の問題解決の定着は難しい。グラフ、表を使ってのよりも、言葉（文章）で表現したがる。JITに関しては、チェコ人には、まとめて生産したほうが製造原価が低いという従来の考えが根強い。会社トータルに考えてその会社の身に合った在庫、製品ロットがあり、レベルアップのために在庫を減らして問題点を顕在化させて改善につなげるという考え方が、なかなか定着しない。TPSは日々生産工程で工夫する方式のため、QCサークルを作って意識させようとしているがなかなか定着しない。
トヨタとの関係		トヨタの1st tierを代表する企業だが、68%ドイツメーカー、15%日系、15%自社グループ	TPCAとの取引はない。期待はしている。		トヨタグループで90%。TPCAには無条件でTPが入っている特異点がある。品質はトヨタは日本材にこだわり、品番が多様なためコスト減あまり貢献しない。
他取引先との関係		マジャールスズキ、VW、AUDI、BMW、SKODA、DAIMLERなど多様化。BMW（エアコン）は、日本同様のすりあわせ方式なので、取引がやりやすいが、やはり長期取引の中で、設計技術・開発技術などの観点から品質、デリバリーとトータルコストで取引を行いたい。	主要取引先は、対ルノーは売り上げが20%、製品件数では50%だが安心できない。対PSAは、同じ新規雇用者の仕方には、売上で50%、製品件数40%。2002年にルノー関係者がこの工場を訪問して、ある製品を持ってきて、そこで同じものが作れるかと打診してきた。そこで2009年9月からルノーのために工程変更をした。取引形態が、これまでの慣例とは全く違うのでかなり戸惑った。ルノーは徹底したコスト削減、これが品質よりも最優先となっている、不良品率があるのが前提なのがルノー、こちらは不良品率のゼロを目指すのが本質的なのである。ルノーは設計図から契約までのすごい数の書類を持ってきた、完全に形式主義、伝統的なモノづくりを実践しているコイトには違和感が最初からあった。日本では取引が長期化すると身内のような感覚になる、トヨタの場合には、長期的に生産計画通りに生産するので、こちらも安心して経営できるが、ルノーは突然、部品変更や注文数が増減したりして、工場としての生産能力（計画）を安定したものにするのが困難。		トヨタグループで90%、残りをマジャールスズキやフォードなどがあとを占める。そのためにも欧州のほかの顧客を見つけるのが課題。トヨタの比率が上がり、リスクを増やすのがリスクマネージメントが主。また東ドイツの部品メーカー、カマックスと協力関係にある。この会社はフォルクスワーゲン、シコダ、BMW、アウディに供給している。カマックスには商社部門（ファシル）があり、積極的に動いている。工場の機械欧州製もチェコ製は、納入後のメンテナンスサービスが悪い、購入したら最後という感じで、日本のメーカーならメンテがしっかりしている。
給与体系	給与の一部を皆勤手当に充てている、バリアブルペイを導入、休むと給与が減る方式で欠勤は個人ではなく職場グループ単位で対応。	給与体系が現場労働者（直接）と技術職事務職（間接）では異なる。間接は固定給のみで、直接は変動給を2009年より導入している。出勤率によって手当が違うようになる。出勤率ごとに賃金の2割が変動給、組合と交渉して変動給を多くした。しかし従業員にも変動給を導入する経緯やその仕組みを説明して理解してもらうのが難しく1年かかった。2000年中旬、トヨタの制度を参考にしたのでそれを参考にした。もともとトヨタのフランス工場で実行していた。しかしチェコ人は変化を嫌う傾向があり、新しい給与体系への抵抗は強かったが、粘り説明して、これでやる労働者はいなかった。ある人の給与とまじめに働いている人の給与が同じなのはおかしいという論理で説明した。新入社員は20000コルナ、周辺工場よりやや高い。	皆勤手当は給与の8-10%出している、一時的に効果はあるが、今ではあまり効果はない、毎月の給与、90%が固定給、10%が能力給、能力給のうち50%が皆勤手当、50%が実力給としている。こうした評価はチェコ人マネージャーに任せている。日本人は関与していない。	賃金格差システムを導入、賃金をスキルをまず5段階に分けている、それに出勤率や残業などの諸手当を加味すると、自分の給与をスキル自己申告させる。それをチェコ人、日本人スタッフで評価。3カ月おきに評価する、英語能力も一つのポイントに入れている、3%の賃金引上げ、2%は全員一律、1%はスキルによる。3カ月ごとの評価で1%の金額は小さいが、評価を嬉しがるので大きい。労働者はよく休むので皆勤手当は重要。欠勤すると生産性手当がなくなる。マルチワーカーの育成が重要。最低賃金7000コルナ、平均賃金11700コルナ。従業員の80%が女性。彼女たちは一般的に男性より高いスキル向上を求める。積極的、仕事熱心、休しまずやめてくれる、しかしもちろんやめる女性も多いのも事実。	賃金はチームリーダー以下、基本給+皆勤ボーナス（平均月1000コルナ）、グループリーダー、スペシャリストは基本給プラス語学手当プラスボーナス（基本給の5％を2015年/年）、マネージャーは基本給プラス語学手当。ここ数年ボーナス支給はなし、車の支給もなし。

5.2 トヨタ生産方式

東海理化	豊田合成	TMMP (トヨタ自動車製造ポーランド)	TMIP (トヨタ自動車工業ポーランド)	TBA (トヨタ紡織アイシンポーランド)
2004年にチェコ工場を急遽立ち上げたのでその対応が大変だった。初期段階での品質管理の徹底、特に品質と納期重視。生産管理の哲学は日本と欧州・韓国と異なる。日本は全製品の完成度を高めようとするが、欧州・韓国は品質が悪ければ取り替える方式を採用している。	操業して10年経過して日本的経営方式の基本（ここではTPS）は教え込んだ。これまでのところ大きな問題ないが、TPSの精神が隅々まで伝わっていないかもしれない。工程設計、生産準備、生産の方法をOJTの中で教えてきたが、かれらに理解されてきたか自信がない。問題の解決（カイゼン）の基本に関しては、チェコ人は分かっているが、次のカイゼンにつながっていない。カイゼンの作り直し、見直しができていないかもしれない。新しい工程を入れるときに粘り強く教えている。	QCサークル参加率は2009年86 %、2010年97 %、2011年99%、2012年は100%を達成目標にしている。ポーランド人幹部はトヨタ欧州本社や日本に出向させて研修させる。親工場衣浦工場（トランスミッション）が担当。上郷（かみさと）工場（エンジン）。	TPSを浸透させるために、PDCAをA3の紙にまとめる練習をやらせている。カイゼン運動も2009年に開始。2009年参加率13%、2010年29%、2011年45%、2012年60%程度と予測。QC活動（達成率）は2007年から開始、2007年70 %、08年72 %、09年75 %、2010年76%、2011年80%。全てを教えたらポーランド人従業員は成長しないという観点から全てを教えていない。日本の工場よりも欠品率はPのほうがよいときもある。設備が多いと故障が多いのはあたり前、人間ははじめはミスも違いが多いが熟練すると少なくなる。オートメーションはメンテナンスが必要、どこまでいっても人間の五感にはかなわない。時間がたつにつれ機械化、自働化は稼働率が悪くなる。TPSの矛盾は在庫があると安心すること、在庫がないと従業員が心配してビリビリする。TPSを理解させるのはやはり難しい。	トヨタ自動車の要請でポーランドに進出。シートは大きくて（かさばって）製造が複雑で遠隔地から輸送するのには不適。またJITは在庫を持たない原則のため欧州に生産拠点必要（200キロ以内）で。トヨタのノウハウを持っている部品メーカーをトヨタは使いたい。生産性は日本より低い、日本の80%くらい。
	主要顧客はトヨタ			
フォードとの取引は手堅いほど順調、フォードの生産拠点がドイツにあり、地理的に近いのが有利、東海理化の製品をフォードは一括して購入して関連工場にフォードが分配している、フォードの車はやや古いタイプでも中国で売れているので堅調な顧客となっている。フォードのcカーであるフォーカス用のレバコンウィッチが売れている。	ホンダ、スズキ、BMW、プジョー、フォード、GM、クライスラーなどだが、新規開拓先としてベンツとVWがある。			
皆勤手当は3ヶ月で3000コルナだが、1ヶ月1000コルナで、有給の休みはカウントしない。最低賃金は15000コルナ、変動給（能力給）を導入、固定給を100として設定。変動給労働者の方が病欠が多いが、逆に25000コルナ以上の労働者の欠勤率は低い。	給与はフロアー従業員（初心者）で20000コルナ、平均年齢34。現場は平均3500~4000ズローチ、初任給2500ズローチ、600~1400早番、1500~2300遅番の2シフト、アシスタントマネージャーは平均賃金の2倍もらえる。業績給と近隣の給与水準を考慮。		賃金は上位25%に位置するよう調整している。TMMPとは距離があるので従業員の取り合いはないが、移動はある。現場は平均3500~4000ズローチ、初任給2500ズローチ、600~1400早番、1500~2300遅番の2シフト、アシスタントマネージャーは平均賃金の2倍もらえる。業績給と近隣の給与水準を考慮。	

第5章 チェコのトヨタ系企業の投資動向：まとめにかえて

	TPCA	デンソー	コイト	アイサン	青山製作所
現地化	トヨタ50％、プジョー50％出資、トヨタは開発、生産を担当、プジョーが財務、調達を担当、社長はトヨタ、副社長はプジョーの出身者。日本からの出向は現場リーダーが多く、生産現場で指導している。トヨタから約20名、プジョーから約7名出向している。日本からの出張派遣は3年・5年出向。現地化（人事）ではグループ長、組長、班長はT社とPS社で固めるとしても、生産、管理（間接）や各部門のトップや各部門のトップにチェコ従業員を配置したい。管理部門はTME（ブリュッセル）に派遣して研修させている。現場労働者はほとんど英語ができない。通訳は派遣社員、常時約10名いる。社長、副社長はT社とPS社で固めるとしても、生産、管理（間接）や各部門のトップや各部門のトップにチェコ従業員を配置したい。管理部門はTME（ブリュッセル）に派遣して研修させている。	現地化（人事）社長チェコ人、部長、12部門中日本人は事業企画・経理、設計、生産管理・物流、製造技術の4名、チェコ人8名、次長section manager は27名中日本人7名、ローカ20名　日本人出向者11名（2012年1月現在）。2010年11月よりチェコ人の社長を登用した。従業員1432人と外国人労働者で構成。現地化を積極的にすすめていて、社長がチェコ人なのはトヨタ系日系企業では初めてだろう。	チェコ人労働者の中にはっきりとした階層が存在する。マネジャークラスの現地化率は60－70％。	各フロアーの職長はすべてチェコ人、補佐を日本人がしている。アメリカの自社工場方式に適応し、1993年から1999年までアメリカで駐在、アメリカでは現場の工場に権限が集中している。トヨタ・トルコ工場も現地人優先方式を採用これが成功している。自社では現地化を進めている。副社長にチェコ人を採用した、これからはシコダやVW、ルノーなどにも販路を広げたい、そこで購買でVWに強いチェコ人スタッフを雇った。	会社トップは日本人。2012年4月に組織変更で大きく変革（現地化）。コミュニケーションの円滑化、スピードアップを狙い、マネージャーは全て現地化実現。駐在員は並列のコーディネーター化。最近成果が出始めている。モチベーションがアップした。ただし一部の間接部門は欧州流に変更。すなわち管理スキルを持った人材を外部から採用。内部から育てあげていくのが理想という考えは変わらないが、日本人より現地のやり方で回していては発展しないと考える。200人程度の工場だとマネージメントは通訳を入れれば日本人ではとんどできてしまうが、それではチェコ人が育たない（2008年に感じた）。6名くらいの幹部技術者に技術を伝承しないと成り立たなくなる。それこそが現地化だと思う。
欠勤率・離職率	離職に関して最近は月10-15名やめる。大部分は見習い期間にやめていく。2007年・2008年に離職率は回復している。しかしマネージャークラスの引き抜きがある。欠勤率は短期2％（月）、長期3－4％で推移している。2006年は9％（短期長期合わせて）うち短期は6.8％程度だった。2007年に改善する。2008年2009年は短期長期合わせて5％程度。2010年、2011年の欠勤率は微減。従業員3000名のうち女性が20％の600名、そのうち120名が産休、これが一番の問題である。2000年代当初で欠勤率は10－15％、社会保険制度が諸悪の根源だと思う。休んでも給与源の70％支給という制度がよくなかった。1週間単位で休むワーカーが多い。転職率20％、なかなか定着しない。	欠勤率はライン（現場）で2008年に10.49％、平均6.87％、2009年8.96％、月平均5.52％、2010年4.5％と次第に低くなっている。間接労働者（事務など）は1％と低い。長期勤務者に対して家庭訪問している。総務担当、組合役員、外部の専門家の3名が訪問し、もし本当に病気でない場合はペナルティとして手当（給与）をゼロにする交渉をする。この家庭訪問には会社側の人間だけではなく第三者が含まれる。違反者は納得せざるを得ない。また会社内に医者が常駐していて診断書を精査している。リーマンショック以降、欠勤率もかなり下がった。離職率も10％から5％に下がった。リーマンショックは生産の落ち込みなど大変だったが、そのかわりに労務対策は楽になった。悪い時で一般ラインの従業員欠勤率は12－15％位。	欠勤率は平均で8－12％、生産拡大のときは最大30％のときもある。	欠勤率は当初10％、現在は5％、最悪の時5％位。欠勤は2％くらいにった。計画も6％で出している。地域給与水準を常に調査している、ボーナスは3カ月に2％と1％は予算をプール。2％は全員に配分、最大で3カ月1800コルナ、1カ月600コルナ。	欠勤率は病欠43％、有給11.5％、産休3.0％（6人／206人）、カレンダーで2週間以内が企業補償の範囲、残有残業4日以降カレンダーで21日まで。低所得者は総支給額の60％、2週間以降は国が補償、チェコ人は風邪に弱い、熱に弱い。日本人から少し調子悪くても出社するがチェコ人は休む。欠勤の場合は21日間欠勤まで給与を自社負担するので困る。
組合対策	労働組合KOVO（ASO・KOVOの派生組合）の加盟率は20％。	組合・従業員対策は気を遣っていて、イースター、ボーリングなど様々な行事を開催して日本人スタッフとチェコ従業員との交流を深めている。			組合はあり、上部団体はKOVO、203人中26人　加入率12.8％、会社と組合は非常に友好的な関係。さまざまな改善に向けて協力。毎年の賃金交渉は互いに理解しあいながら無理のないレベルで決着（現実的）。組合はあったほうがよい。労務の交渉相手は必要である。

5.2 トヨタ生産方式　77

東海理化	豊田合成	TMMP (トヨタ自動車製造ポーランド)	TMIP (トヨタ自動車工業ポーランド)	TBA (トヨタ紡織アイシンポーランド)
		現地化を一層進めたい。2013年以降、シニアジェネラルマネージャーにチェコ人をつけたい。日本人社長だけでの海外拠点のうち3拠点で現地人社長を登用、日本人社長だけのつながりはいずれ限界がある、これからは新たな外国企業顧客との取引には早い意思決定が必要なのでできるだけ早く現地社長、副社長にチェコ人を登用したい。	現地化は社長 UK から英国人、同格のコーディネーターにトヨタ日本から日本人、GM にポーランド人 2 名、日本人 1 名、上級マネージャー 9 名のうちポーランド人 9 名ただしサポートに同格の日本人が 7 名配置、とりわけ人事労務はマネージャークラスもポーランド人のみ、トップだけ日本人。トヨタ英国とトヨタトルコは人材が育ち、同社の社長は英国工場出身。両社ともに社長、副社長は現地採用。		
転勤率は月 10 名程度でこれが最近の最大数。欠勤率は 2012 年 12 月長期 3％、短期 1 か月以内が 2％、産休 9.2％とやや多い。2011 年 11 月は長期 4.9％、短期 3.6％だった。最近は数値が改善した。	欠勤率は 8.5％から 11.9％の範囲で推移している。リーマンショック以降、欠勤率は低くなりつつある。離職率は 1.3％、計画値 5％、かつては 4-6％が多かったが、景気後退後簡単に転職ができなくなった。長期欠勤については手がない。産休・育休は託児所が一般的にないので託児所を作ろうとしている。長期欠勤には家庭訪問しているし、電話もしている。平均欠勤日数は 5-10 日。固定給のほかにボーナスが変動給平均賃金の 0.2 から 0.5％である。	欠勤率　2009 年 2.4％、2010 年 2.8％、2011 年 2.8％、2012 年 7 月 2.1％。離職率 2009 年 製造現場 10.2％ 事務 5.5％、2010 年 製造現場 4％ 事務 3.4％、2011 年　製造現場 3.5％　事務 5.9％、2012 年 7 月　製造現場 4.6％ 事務 6.8％。	欠勤率　目標は 3％、2007 年 5.4％、2008 年 5.2％、2009 年 3.7％、2010 年 4.2％、2011 年 3.3％、2012 年 2.9％。離職率 2007 年 27.3％、2008 年 17.9％、2009 年 8％、2010 年 6.6％、2011 年 5.2％、2012 年 0.8％ 最近は辞めない状態だったが、最近は辞めない。欠勤率 3％をターゲットにしている。周辺他社よりは欠勤率は良い。2007 年 5.4％（長期 1 カ月以上は含まない）、新学期 9 月、10 月は欠勤率が上がる。11 月は下がる、12 月にまた上がる。プロツラプ地方は失業率 10％前後、ポーランド全体で 12.3％、大都市ブロツラフ、ワルシャワは失業率が低い 5％前後。TPMP のある地域は失業率が 18-20％の地区、もともと炭田だった。離職率は 5％、直近 12 カ月は 4.75％、2007 年ころは悪い。最悪 27.5％、4 人に一人が辞めた。従業員女性が 20％なのであまり欠勤率は影響ない。製造部門によって欠勤率が異なる。農業の刈入れなどは影響ない。残ったポーランド人従業員を大事にしようと考えたが、生産減で 2010 年から早期退職制度を導入した。	欠勤率　10-15％と高い、長期短期ともに高い。月曜日、金曜日は良く休む、祝日の前日も。社会主義の名残で仮病もある、そこで家庭訪問をしている。欠勤の場合は会社が給与の 80％を払う。29 日以上は社会保険庁が払う。社会保険庁も調査するが、医者がすぐに診断書を出すので、欠勤が絶えない。ポーランドのトヨタグループと相談して改善を考えている。皆勤手当は 150 ズロチ、平均給与は 2500 ズロチ（いずれも月）で近隣工場を調査して設定。男性従業員は転職しやすいが女性は家庭があるので、あまり転職しない。しかし体調をくずしやすい。27-28 歳になると早くも倒れる女性がいる。妊娠すると育児休暇は 2 年。欠勤が多いのはクリスマスで 20％弱にもなる。離職率は 2.4％ 3 月移動の季節、1、2 月は 1.2-1.5％。
組合加入率は 30％、KOVO 辞める時に組合の書類にサインしている。リストラは在職年数、仕事能力、欠勤、仕事態度などで判断する。労組に 34％加入、賃金交渉している。熱心な組合員は 2、3 名、従業員の平均年齢は 34 歳。		労働組合 NSZZ（連帯）、2012 年からは第 2 組合 OPZZ がある。組合との関係は良好、2009 年には景気後退のため給与ベースアップ 0％に合意した。2012 年にはさらなる生産減でシフト縮小に合意。組合加盟率は 2007 年 17％、2008 年 19％、2009 年 26％、2010 年 29％、2011 年 30％、2012 年 7 月 30％；組合は 2012 年 12 月現在、OPZZ150 名、NSZZ450 名。	労働組合 NSZZ（連帯）、2012 年からは第 2 組合 OPZZ がある。基本的に協力的だが油断系統に OPZZ が多い。現場に連帯系。	まだ組合対策はない、一般に 500 人を超えると組合ができる。

第5章　チェコのトヨタ系企業の投資動向：まとめにかえて

	TPCA	デンソー	コイト	アイサン	青山製作所
雇用	従業員2900名、女性18％、平均年齢33歳、3チーム2シフト、6日昼労働、3日昼労働、3日休みで3日夜労働、1日休みで3日昼労働。2012年から減産のためシフト変更の予定。従業員の74％が30キロ圏内通勤している。生産現場9％中卒、90％高卒、1％大卒、事務系43％高卒、57％大卒、はほぼ70キロ圏内から通勤。同社の従業員の74％は工場近くに住んでいる。日本人、フランス人幹部はプラハに住んでいる。投資インセンティブに従業員用アパート建設優遇措置があり専用アパートを建設する義務があった。工場稼働初期、アパートは満員でフル活用したが、最近は空きが目立つ。現在500人が住んでいる。子供ができるとアパートを出て独立するケースが多い。従業員、家族、現場の関係取引先をふくめ約8000人の生活に直接影響するのでリストラはなるべくしない。課題は生産減少中で、いかに生産台数を確保し雇用を維持するか、2014年の新モデル生産まで我慢の経営が続いている。新規採用は中断、契約社員の契約終了後には更新しない。	チェコ人正規従業員1400名、ポーランド人300名。ポーランド人労働者は時々問題を起こす。しかし、一般的にポーランド人労働者の質はチェコ人とそれほど変わらない。ポーランド国内の賃金はチェコに比べて10-15％低いので同社で働きたいと思っている。6台のバスが正門前のバス駐車場にありポーランド国境までポーランド人を輸送している。生産技術スタッフがシュコダにときどき引き抜かれている。シュコダ、TPCA、デンソーの順に賃金が高い。シュコダの新入社員は23000コルナ、平均26000コルナ、こちらの新入社員は20000コルナで、シュコダの間接労働者の賃金はデンソーの1.5から1.3倍を言われる。中高年の中途採用は積極的に採用しない。基本的に1年契約で様子を見る。新人を育てる方がずっと効率的である。新人を育てて結婚させて落ち着かせる。既婚者や子供がいると安定を求め、それはどジョブホッピングをしなくなる。		マネージャーは英語必須、班長は少し英語ができる程度、週1回、労働者に2時間、自主的に英語の授業を設ける、全従業員の40％が受講している。社会主義時代の労働観光は足かせになるので国有企業に長く勤務していた中年の労働者は採用しない。マネージャーをチェコで社用車を供するのが慣例だが、アイサンでは採用していない。	ヒューマンリソース（HR）部門はチェコ人マネージャーが不在。日本語のできるチェコ人スタッフを登用したが、結局HRマネージャーは外部から雇用した。同社はHRが弱い。現場は150人、高卒専門卒、事務系はほとんど大卒、大手日系企業の中には現場従業員のなかに英語を話せるものもいる。
調達関連	関連企業でも現地調達でコスト削減を試みている。プジョーサイドも現地調達、購買でコスト削減を徹底している。プジョーのコスト重視方針が勉強になる。公開入札方式open tender system、75％チェコ国内から調達、91％がチェコとポーランドから調達。	エアコン、ハッチバックHVAC（これらはかさばるので組み立ては消費地立地）を製造、内部の部品は投資コストがかかるので別の場所で集中して生産している。2014年よりGM、2012年よりヤリス用製品を英国工場からチェコ工場へシフトする。ドイツ企業で70％納入、うち30％がVW、日系は9％。日系企業との取引が低いのと現地調達率が高い（90％）であるのがチェコ工場の特色である。欧州で操業するには現地調達を高くしないとやっていけないので関連企業にも来てもらった。			生産384品目中現地生産293品目、材料、ワッシャー、型などを日本から調達していて、ユーロ高により厳しい状況。円での調達・支払いは売り上げの60％を占める。現地化を加速中。ワッシャーはチェコ、スペイン、型はイタリア、補修部品はチェコで調達可能か検討中。調達できない品は日本へ依頼、材料は日本輸入から一部現地材にシフト中。調達に関して、技術面は欧州の学ぶ点が多い。日本が一番であるとの思い込みは危険、日本のように仕入れ先を育てていくという考え方がないが、一部チェコ企業を教育中。本社（日本）の品質管理レベルは、データ管理、統計的手法など管理レベルは日本より進んでいるところもある。現地調達を日系企業は声をそろえて言っているが、いざ末端まで落ちているかどうかは疑問である。工数がなく、うまく回っていないのが実情。設計変更が実施されても、実際に物が切り替わるのに1年かかる。
国民性		トヨタポーランドの幹部社員がチェコよりポーランドの方が労働者の質が高いと評価しているが、デンソーの経験では、トヨタポーランドにはかなり質の高い労働者が雇用されていて、一般のポーランド人ではないと思われる。逆にチェコとポーランドの労働者の質は同じかやや ポーランド人の方が質が悪いような印象がある。国境付近のとか地域の問題もあるのかもしれない。チェコ人はまじめで、素直、ポテンシャルはフロアー労働者も技術者も高い。忠誠心はない。日本人に対して一目置いてくれる。チェコ人は賃金と生活のバランスを重視する。			2011年ごろから人事は現地化を進めている。チェコ式の注意の仕方、叱り方など日本人にはわからないからだ。工場長（チェコ人）に進行役をまかせて朝9時のミーティングをしている。チェコ人に自分の会社という意識を持たせる必要がある。また平準化、生産性など様々な指標を見て意識化させている。チェコ人は引っ込み思案なので日本的方式だとうまくいかない場合がある。問題が生じた場合、チェコ人は文書にするのが好き、TPSならグラフや表を多用して説明するのが通常だが、チェコでは文書でやりとりする。従業員は結婚すると住宅ローンを借りやすいので同棲が少なく、結婚すると転職が少なくなる。子供ができるときにさらに安定する⇒生活の安定と日本的経営への適合。

（注）掲載した企業には2010年から2013年に聞き取り調査のために訪問した。コイトには2006年3月訪問し聞き取り調査したものであるので最新情報ではないが研究上きわめて興味深いと判断したため掲載した。

5.2 トヨタ生産方式　79

東海理化	豊田合成	TMMP（トヨタ自動車製造ポーランド）	TMIP（トヨタ自動車工業ポーランド）	TBA（トヨタ紡織アイシンポーランド）
現場労働者は高卒がほとんどで直接募集してHRが採用する。エンジニアや事務系はエージェントに依頼する。平均離職年数は6年くらい。外国人労働者はウクライナ6名、ロシア人1-2名、スロヴァキア人10-12名。女性従業員が70%、産休は10%、10名いる。臨時工は職安、人材派遣、WEBで求人している。大卒10%、高卒と専門学校卒60%、中卒30%という構成。40%の従業員が英語わかる。定年65歳だが、ここでいう定年は年金支給年齢が退職定年である。	工場のある場所はチェコ国境地区、雇用インセンティブ、優秀な人材が目当てだった。この地区は失業率15%、雇用しやすいので進出した。雇用インセンティブは一人当たり20万コルナである。従業員686名中、604名正規雇用、19名派遣社員、13名臨時従業員、42名産休、8名長期欠勤。すべてチェコ人。2007年には830名いたが、2007年から2008年までに100名前後を解雇した。2010年から20名程度解雇した。マネージャークラスは平均7年勤務している人間で、現在はチェコ人レベルの意思決定を促進している。3人スロヴァキア人、1名フランス人、現在13名のマネージャーのうち11名が大卒、2名が博士取得。フロア労働者は80%高卒と専門学校卒、20%が中卒、全体の5%が英語を話す。	雇用2000年18人、2001年88人、2002年116人、2003年462人、2004年807人、2005年1696人、契約265人（このうち3シフト、生産急増）、2006年2000人、契約303人、2007年2073人、契約7人、2008年2023人、契約9人、2009年1875人、契約201人、2010年1815人、契約211人、2011年1732人、契約183人、2012年12月1698人、契約5人。生産減少が続いている。2012年5月まで3シフト、5月から2シフト、人員削減は契約社員を対象。	社長、GMは日本人、上級MG3名ポーランド人、7部門に日本人配属AGM級、人事労務はポーランド人が仕切っている。マネージャー以上は車を支給、当初は車20名から現在は8名になった。760名のうち101名が契約社員（期間従業員）、そのうち50名はライン。資本はT欧州60%、TJ40%、同社の日本人従業員は全員トヨタ自動車織機から出向、2社で社員は全員。事務系、現場系ともにリクルートはエージェントに依頼。	従業員620人＋新規事業135人。リクルートは人材派遣業者に依頼する。短期契約3カ月、6か月の期間、1週間前に通知すれば解雇できる。全従業員の70-80%が正規、30%弱が契約社員。雇用対策は思ったより大きく田舎すぎたかもしれない。もっと安定的に確保できる地域があったかもしれない。日本人従業員家族はドイツが近いのでドレスデンに居住させ、インターナショナルスクールに行かせることにした。しかしドイツのビザを取得するのは難しい、なぜならドイツに利益がないためだ。日本人はドイツや英国などに出稼ぎに行く習慣がある。一度辞めた人を雇うこともある。事務系のリクルートは、インターネット、新聞で求人広告を出したり、職安に依頼することもある。
全部品を100としたら日本から20%、現地調達が69%、社内生産10%である。タイ、ドイツ、インド、ルーマニア（プラスチック製品）、ハンガリー、スロヴァキアなどにも現地法人。これらは現地の日本人スタッフ、ベルギーの技術担当者が調査して調達先を広げている。	現地調達率はポーランドからのユニット（エンジン、トランスミッション）を含め95%物流ベース、金額ベースで89%、日本からの輸入はない。	同社は自社で調達・仕入は決めらずTME（ブリュッセル）が決める。同社は在庫を持たないシステムであるため、西欧の生産ネットワークに組み込まれている。さらなるコスト削減のため日系企業を中心に現地から上げている。現地調達率は50-60%、ポーランドから6-10%（金額ベース）、現地（欧州、ポーランド系企業）の部品欠品率は日本の10倍。	TME（ブリュッセル）がすべての調達を決めている。	現地調達は金額ベースで35%輸入欧州から、点数ベースで26%、クラウンのシートなら1000品目、ヤリスのシートなら290品目。これらはドイツ、ルーマニア、ポルトガルなどから部品を調達する。
立ち作業は日本人よりチェコ人は疲れる。日本人はじっとして作業するのを好むが、チェコ人は歩きまわる作業を好み、小さなスペースで多機能機械を操作するのがTPSの基本であるが、チェコでは法律で最低1㎡の作業スポットを必要とするので、無駄なスペースが多い。	アメリカ工場での経験では、アメリカ人は手先が器用ではなく、細かい作業ができない、チェコ人は比較的器用だと思う。	ポーランド人と日本人との共通点が多いと思う（社長談）忠誠心が強い、ポーランド人は日本人幹部に協力しようとする意識がある。勤勉。	ポーランド人がまじめ、勤勉、日本を見習う。日本・日本人に好意的、ポーランド人は日本人を懐っこく、ハングリー精神もあり、まじめに一生懸命頑張る。攻撃的でない、日本人と大差ない。従順だが指示しないと動かない。標準作業すなわちわれわれをやる。ポーランド人は掃除好き。機械設備が故障したらポーランド人はひたすら待つ。日本人はいらいらして自分で直そうとするが逆に壊したりけがをしたりする。平社員から組長（職長）まで5段階あり、早くて2-3年で昇格する。日本では10年以上かかる。ポーランド人は手が大きいけれども思った以上に器用。	ポーランド人の国民性はトヨタにあっている。日本人の指示を聞く。しかし日本人が転勤で交替するとポーランド人が新任の日本人をなめてかかる場合があり、すなわちいうことを聞かないことがある。しかし親会社のあるフランスソマン工場より態度は良い。

とは異なる。おおむねチェコ人従業員はレベルが高いと思う。標準作業を訓練、マニュアル順守の徹底化、TPS はチェコ人従業員におおむね浸透・理解している。生産現場はロジックの塊のようなもので、理詰めでチェコ人従業員とのさまざまなやりとりをしている。阿吽の呼吸は通用しない」として、阿吽の呼吸による指導をなるべく避けて論理で説明する姿勢がみてとれた。コイトによると、「JIT はコスト、場所、労働力をセーブする完成度の高い生産方式だと考えている」ものの、「チェコ人従業員に日本的経営方式の導入は可能ではあるが、やりすぎてはいけないと思う。現地熟練工に少し裁量を与える方式のほうがうまくいくかもしれないと考える」と指摘している。また青山製作所は「JIT に関しては、チェコ人には、まとめて生産したほうが製造原価が安くなるという従来の考え方が根強い」、「会社トータルに考えてその会社の力に合った在庫、生産ロットがあり、レベルアップのために在庫を減らして問題点を顕在化させてカイゼンにつなげるという考え方が、なかなか定着しない」という。またポーランドの TMIP では「設備が多いと故障が多いのはあたり前、人間ははじめはミスや間違いが多いが熟練すると少なくなる。オートメーションはメンテナンスが必要、どこまでいっても人間の五感にはかなわない。時間がたつにつれ機械化、オートメーション化は稼働率が悪くなる。TPS の矛盾は在庫があると安心すること、在庫がないと従業員が心配してピリピリする。TPS を本当に理解させるのはやはり難しい」と興味深い指摘があった。またカイゼンに関しては、豊田合成が「これまでのところ大きな問題はないが、TPS の精神が隅々まで伝わっていないかもしれない。工程設計、生産準備、生産の方法を OJT の中で教えてきたが、彼らに完全に理解されてきたか自信がない。問題の解決（カイゼン）の基本に関しては、チェコ人は分かっているが、次のカイゼンにつながっていない。カイゼンの作り直し、見直しができていないかもしれない、新しい工程を入れるときに粘り強く教えている」と指摘する。ここには 2 つの TPS の特色が浮かび上がるが、詳細は第 4 章を参照されたい。

5.3　トヨタおよび他社との関係

　一般に自動車産業における日本的な商取引は，ケイレツと呼ばれる長期的取引が慣行となっている。部品調達の際に，コスト（価格）を最優先する欧米企業と異なり，基本設計の時点から部品メーカーとすりあわせを行い長期スパンでコストカットを行う TPS とは，取引慣行が根本的に異なっている。そのために TPCA では，有力部品供給メーカーにチェコあるいは周辺国への工場進出を要請していた。しかしながら前述のように TPCA では部品調達をプジョーが担当しているため，進出したすべてのトヨタ系部品メーカーに部品を発注することができなかった。プジョーの厳格なコスト原理に基づく見積評価と伝統的な長期取引慣行との間に離齬が生じているからである。たとえばトヨタ系企業の中でも世界的に優良企業であるデンソーは自動車用エアコンの受注ができず，プジョーは，伝統的に取引していてコスト管理が徹底している VALEO のエアコンを受注している。この関係は 2013 年現在でも変化がないといわれている。さらに世界的なランプメーカーであるコイトは TPCA との取引はほとんどないといわれている。他の有力トヨタ系部品メーカーは図表 5-1 にあるように受注している例が多い。特に青山製作所はプジョー調達担当の判断に関係なく，TPCA に部品を納入している。図表 5-2，3 はトヨタ関係者による聞き取り調査から作成したものであるが，一般の海外工場の場合は，部品調達の約 3 分の 2 はトヨタグループから納入されるという。他方，TPCA の場合は，プジョーとの役割分担が大きく影響しているため，トヨタグループからの調達は 50％を切っているという。部品数，取引額によって異なるであろうが，いずれにしても TPCA の場合は，通常のトヨタ生産ネットワークの枠を超えた生産ネットワークが築かれているのは間違いない。

　そうであっても，TPCA はトヨタグループを中心に，TPS の柱である自働化の一環として在庫を極力持たない生産ネットワークは不可欠であり，実際に構築しているといえよう。図表 5-4 は TPCA を中心とした地図であるが，ほとんどの主要部品メーカーは半径 200 キロの範囲内に位置していることがわか

82　第5章　チェコのトヨタ系企業の投資動向：まとめにかえて

図表 5-2　通常外国工場の調達比率

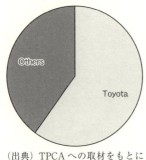

（出典）TPCA への取材をもとに著者作成。

図表 5-3　TPCA での調達比率

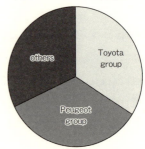

（出典）TPCA への取材をもとに著者作成。

図表 5-4　TPCA 関連企業の立地

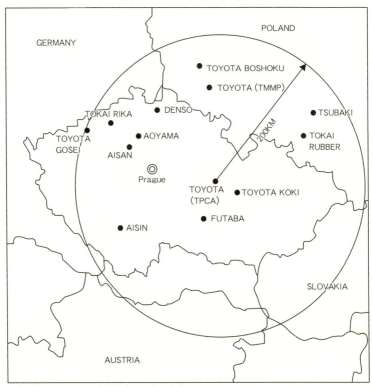

（出典）TPCA への取材をもとに著者作成。

る。たとえばポーランドの TMMP からエンジンを TPCA に搬入しているが，両工場間の道路は整備され平均で 90 分以内に搬入できるという。

トヨタとの取引関係が少ないコイトとデンソーに関しては第 4 章で論じているので多くを割愛する。

またデンソーでは下記のように述べている。

「トヨタグループの企業だが，2013 年現在では，全売り上げの 68％がドイツメーカー，15％が日系，15％がデンソーグループとなっている。具体的にはマジャールスズキ，VW，AUDI，BMW，SKODA，DAIMLER など多様である。BMW とはエアコンを受注できた。日本同様のすりあわせ方式なので，取引がやりやすい。やはり長期取引の中で，設計技術・開発技術などの観点から品質，デリバリーなどトータルコストで取引を行いたい。TPCA にはラジエターを納入している。」

両社ともに TPCA との取引関係は大きくないものの，世界有数のメーカーであることから，欧米の一流自動車メーカーに製品を納入しており，デンソーはトヨタグループ各社の売り上げが頭打ちの中で，年々業績を伸ばしている点は注目される。

青山製作所は，TPCA にボルトを納入しているのとともに，ドイツの部品メーカー・カマックスと協力関係にあると説明してくれた。同社は，ワーゲン，シコダ，BMW，アウディに部品を供給していて商社部門（ファシル）があり，積極的に営業活動をしている。興味深い点は，フォードが工場ごとに部品供給メーカーを取りまとめる（まるでメインバンクのように）取引企業を決めている点である。この企業を SPP（single plat production system）とよび，他の下請けを選別し指名する役割を担っている。たとえばベルフォフという企業が SPP の頂点となったりしている。BMW も同じシステムを採用していて，たとえばカマックスを SPP に指名して，カマックスが他の部品メーカーを指名する。青山製作所は一部の部品生産をカマックスから指名を受けている。当然のことであるがすべての欧米メーカーが同じ調達システムを採用しているわけではなく，シコダなどワーゲングループは部品ごとに直接部品メーカーと契約・購入している。

5.4 雇用・給与体系

　間接部門（事務系）のスタッフは，基本的にエージェントを通して大学卒や経験者を採用する場合が多い。採用条件は英語が堪能なことが共通している。生産現場は直接募集する場合とエージェントに依頼する場合がある。前述のように中欧では職場，学歴による差別・区別意識が強く，チェコでは人事担当マネージャーの優劣が工場運営に大きく影響する。チェコ人は比較的おとなしい国民性なので，職場での注意の仕方も現地流に人事マネージャーや職長などチェコ人に任せる場合もある。また幹部社員が引き抜かれることは，ハンガリー，ポーランドともに共通の課題である。デンソーの場合，「生産技術スタッフがシコダにときどき引き抜かれる。シコダ，TPCA，デンソーの順に賃金が高い。シコダの新入社員は23000コルナ，平均26000コルナ，こちらの新入社員は20000コルナで，シコダの間接労働者の賃金はデンソーの1.5から1.3倍と思われる（2013年1月現在）。中高年の中途採用は積極的にしない，基本的に1年契約で様子を見る。新人を育てる方がずっと効率的である。新人で育てて結婚して落ち着かせる。既婚者や子供がいると安定を求め，それほどジョブホッピングをしなくなる」と雇用に関して説明してくれた。

　チェコでは，従業員はおおむね工場周辺のチェコ人を雇用しているが，チェコ人以外の外国人労働者の雇用に関しては，ウクライナ人，ロシア人，スロヴァキア人，ベトナム人，モンゴル人，ポーランド人などをエージェントを通して採用している。ポーランド国境近くに工場が位置するデンソーでは，ポーランド人労働者を300名雇用している。工場正門前に多くのバスが駐車されていて，ポーランド国境からデンソー工場までポーランド人従業員を輸送している。

　一部の企業では，景気低迷の場合に解雇，自宅待機などで雇用調整しているが，TPCA，TMIPなどでは，景気低迷による生産ライン縮小の中で，リストラによる雇用調整をなるべく実施しないように対応している。この考え方も長期雇用確保というTPSの基本思想の表れであろう。また，TPSを訓練するた

めに，10代20代の若年従業員を積極的に雇用し，旧国有企業に長く勤務した中高年労働者の雇用を控えている（アイサン談）。

給与は，トヨタのフランス工場で導入した変動給を，TPCAなど訪問した全企業が導入していた。チェコでは伝統的に欠勤が多いので，固定給プラス皆勤手当を支給する企業，あるいは欠勤がある場合には給与を減額するケース，欠勤した個人を対象にする場合と職場のグループを対象にするケースなど，企業によってさまざまである。同様に能力給支給制度も各企業によってさまざまである。デンソーでは「給与体系が現場労働者（直接）と技術職事務職（間接）では異なる。間接は固定給のみで，直接は変動給を2009年より導入した。出勤率によって手当が違う。平均賃金25000コルナの2割が変動給，組合と交渉して変動給を多くした。しかし従業員に，変動給を導入する経緯やその仕組みを説明して理解してもらうのが難しく1年かかった。2000年中頃，トヨタがこの制度を導入したのでこれを参考にした。もともとトヨタのフランス工場で実行していた。しかしチェコ人は変化を嫌う傾向があり，新しい給与体系への抵抗は強かったが，粘り強く説明して，これでやめる労働者はいなかった。問題のある人の給与とまじめに働いている人の給与が同じなのはおかしいという論理で説得した。新入社員の給与は20000コルナ，周辺工場よりやや高い」と説明している。2000年以降に進出した企業の中で，いち早く変動給を導入したのはアイサンで，トヨタグループだけでなくチェコに進出した日系企業がアイサンを訪問した経緯がある[6]。アイサンでは門脇社長（初代）が「賃金格差システムを導入，賃金はスキルをまず5段階に分ける，それに出勤率と残業などの諸手当を加味する，まず自分の給与を自己申告させ，それをチェコ人，日本人スタッフで3カ月おきに評価する。英語能力も1つのポイントに入れている。全体で3%の賃金を引き上げるが，そのうち2%は全員一律，1%はスキルによる。3カ月ごとの評価で1%の金額は小さいが，チェコ人従業員は評価を嬉しがるようだ。また労働者はよく休むので皆勤手当は重要である。欠勤すると生産性が下がる。マルチワーカーの育成が重要。従業員の80%が女性で彼女たちは一般的に男性よりもスキル向上を求める傾向があり，積極的，仕事熱心で休日まで出勤してくれる。しかしもちろんやめる女性も多いのも事実」と，同社の給与体系他について説明してくれた。

5.5 人事の現地化

　現地の従業員に企業の主要ポストを任せるいわゆる人事の現地化は，TPS をはじめとする日本的経営方式を現地の流儀のもとに適応させる最終段階といえよう。チェコでは，最も現地化が進んでいるのは昭和アルミチェコである。日本人は昭和アルミ本社から出向している1名（ナンバー2）だけで，社長をはじめとする主要ポストにはすべてチェコ人がついている。デンソーチェコでは社長は2010年よりチェコ人が就任している。「部長は12部門中，日本人は事業企画・経理，設計，生産管理・物流，製造技術の4名で，その他の部門でチェコ人8名が部長に登用，次長（section manager）は27名中日本人7名，チェコ人が20名である。日本人出向者11名（2012年1月現在）。現地化を積極的にすすめていて，社長がチェコ人なのはトヨタ系日系企業では初めてだろう」と述べている。豊田合成は「現地化を一層進めたい。2013年以降，シニアジェネラルマネージャーにチェコ人をつけたい。45の海外拠点のうち3拠点で現地人社長を登用，日本人だけのつながりはいずれ限界がある，これからは新たな外国企業顧客との取引には早い意思決定が必要なのでできるだけ早く現地社長，副社長にチェコ人を登用したい」と現地化促進方針を述べていた。TPCAも「現地化（人事）ではグループ長，組長，班長は全員チェコ人の生え抜き従業員である。トルコ工場，日本の高岡工場で研修派遣している。豊田市の高岡工場からも技術指導に来ている。社長，副社長はトヨタ社とプジョー社で固めるとしても，生産，管理（間接）のトップや各部門のトップはチェコ人従業員をいずれ配置したい。管理部門はTME（ブリュッセル）に派遣して研修させている」と現地化促進方針を述べている。ポーランドのTMMPは面談した社長が英国人であった。「現地化に関しては，社長はトヨタUKから英国人を登用，同格のコーディネーターにトヨタ日本から日本人，GMにポーランド人2名，日本人1名，上級マネージャー9名のうちポーランド人9名ただしサポートに同格の日本人が7名配置，とりわけ人事労務はマネージャークラスもポーランド人のみである」と現地化が進んでいることを説明してくれた。

トヨタ英国やトヨタトルコは人材が育ち，特にトルコはトヨタの代表的な成功例と言われている。両社ともに社長，副社長は現地採用の従業員であるという。

5.6　欠勤率・離職率[7]

　欠勤率も第3章，第4章で繰り返し論じてきた。周辺諸国に比べてもチェコの欠勤率は高かった。法制度の変更はここでは論じないが，欠勤手当を企業側が負担する割合が多いために，長期欠勤者や欠勤常習者に対しては，電話チェックや家庭訪問などモニタリングする日系企業が多くなった。

　しかしながら，2011年以降に現地で聞き取りした結果，欠勤率の高さに関しては，予想に反して5-10％であることが判明した。その背景として(1)労働法規制が厳しくなったこと，(2)日系企業の労務対策，給与対策の効果が表れ始めたこと，(3)リーマンショック後の景気後退で労働市場が縮小したことなどが大きな要因であろう。また労働者の年齢が10年経過し，社会主義体制を経験した労働者が次第に減少し，さらに2000年代に雇用した若手従業員が結婚や子供（ファミリー）を形成し始め，安定志向の労働者が次第に多くなってきたことも大きい。

　デンソーでは「欠勤率はライン（現場）で2008年10.49％，月平均6.87％，2009年8.96％，月平均5.52％，2010年4.5％と次第に低くなっている。欠勤率3％が目標である。間接労働者（事務など）は1％と低い。長期欠勤者に対しては家庭訪問をしている。総務担当，組合役員，外部の専門家の3名で訪問し，もし本当に病気でない場合はペナルティとして手当（給与）をゼロにする交渉をする。この家庭訪問は会社側の人間だけでなく第三者が含まれるので，違反者は納得せざるを得ない。また会社内に医者が常勤していて診断書を精査している。リーマンショック以降，欠勤率はかなり下がった。離職率も10％から5％に下がった」という。またTPCAでは「欠勤率は短期2％（月），長期3-4％で推移している。2006年は9％（短期長期合わせて）うち短期は6.8％程度だった。2007年に改善するが，2008年，2009年は短期長期合わせて5％程度。2010年，2011年の欠勤率は微増。2000年代の悪い時で欠勤率は10-

15％である。従業員 3000 名のうち女性が 20％の 600 名，そのうち 120 名が産休中である。これが一番の問題である」と女性従業員の産休が問題だと指摘した。ポーランドの TBAI はチェコ並みに欠勤率が高いが，TMMP，TMIP ともにチェコに比較して低い水準のようである。

5.7 国民性

　第 3 章，第 4 章で論じているので多くは論じないが，支配者，政府，企業などの権威に対する懐疑的姿勢，忠誠心の欠如は，チェコ人の典型的な行動様式といえよう。また繰り返しになるが，チェコとポーランド両国に工場を持つトヨタ幹部による，チェコ人とポーランド人の国民性の比較が興味深い。TMMP，TMIP の共通見解として，ポーランド人労働者の質が高く，労働意欲も高く，日本人との親和性が高いとの指摘である。実際に 2012 年 9 月，2013 年 1 月の現地調査において「ポーランド人と日本人との共通点が多いと思う（社長談）。たとえば忠誠心が強いし，ポーランド人は日本人幹部に協力しようとする意識がある（TMMP）」「ポーランド人がまじめ，勤勉，日本を見習う。日本・日本人に好意的でポーランド人は人懐っこく，ハングリー精神もあり，まじめに一生懸命働く。攻撃的でない。おおむね日本と大差ない（TMIP）」「ポーランド人の国民性はトヨタにあっている。日本人の指示を聞く（TBAI）」と指摘している。

　またチェコ人は細かいところまで論理的に説明する必要があり，チェコ人は論理的な方法たとえば数値目標などで具体的に示す方法を好む。TPCA の指摘にあるように，日本の生産現場でみかける「阿吽の呼吸」や説明抜きで指示を出した際に素直に従うのを好まない。さらにトヨタに対する愛社精神（いわば忠誠心）やカイゼンへの対応にも国民性の違いが出ているのであろう。したがって日本的経営の適応の視点ではポーランド人はチェコ人よりも受容しやすいと解釈できるかもしれない。

5.8 おわりに

最近のチェコにおける日系企業の現場を調査してきて，やはり欠勤率の改善が注目されよう。

また多くの訪問日系企業で指摘していたのは下記の点である。トヨタ合成やダイキンの幹部が指摘するように「あまりコストダウンばかり気にすると品質維持が難しい。安易に東方へ行くことは失敗する。コスト，品質管理，納期（生産管理）の3点が重要」との指摘は藤本教授の宿題を解決する1つの手がかりになるやもしれない。

他方，本書でも再三指摘しているように，(1) チェコ人のメンタリティ，(2) 日本的経営生産方式の適応，それと関連した (3) 工場労働者の欠勤率，それ以外にチェコ政府の対応[8]などの点はチェコだけでなく，スラブ圏進出日系企業には重要な問題点になるのではないか。この3点は，当該地域への日本的経営生産方式の適応という視点では看過できない問題であろう。代表的な日本的経営生産方式である TPS の構成要素は，実は日本の戦間期から存続する日本的システムが基盤となっていることに注目したい。終身雇用，年功序列，企業内組合，教育，ケイレツなど生産ネットワークなどの諸制度が存在し補完しあっていることが TPS 成立の基本条件となっている。TPS を支えるために問題となっていた欠勤率の改善は，たとえおとなしくて忠誠心がポーランドに比較して小さいという指摘があったにせよ，大きな解決材料である。これまでの聞き取り調査で，チェコに日本的経営方式とりわけ TPS はおおむね適応され，勤続年数が数年経過した従業員が，近い将来には企業幹部になる可能性が高いと思われる。これらのチェコ人企業幹部が，ドイツ企業のようにロシアやウクライナでの企業進出のカギになるかもしれない。

これまで検討してきたようにトヨタ（TPCA）と関連部品供給メーカーの進出は，チェコ経済にとって大きな意味をもっているだけでなく，単に生産，貿易，雇用だけでなく「モノづくり」という観点からも大いに注目される。長期雇用，多能工，すりあわせ生産，ケイレツなど日本的生産方式の移転をグロー

バリゼーションに対比させてジャパナイゼーションと指摘する場合がある（河村［2005］）。これらの諸制度が今後チェコでどのように進化するか注目したい（池本他［2009］）。

注
1 2008年9月のリーマンショックは世界経済に大きく影響し，ポーランドを除く中欧諸国は，EU加盟後の経済成長に冷水を浴びせられる結果となった。チェコは2000年以降，主に外国直接投資（FDI）がけん引して高度成長を実現していたが，実質GDP成長率は2009年には－4.1％を記録し2010年は2.3％，2011年も1.7％，2012年になっても回復基調には転じていない。
2 質問項目は以下の通り。聞き取り調査の時間，訪問企業の事情などですべての項目に回答を得ていない。また紙幅の関係ですべての聞き取り事項を掲載してはいない。なお本質問票は「はしがき」に記載したプロジェクトの共同研究者である安東和民氏の作成による。
  質問事項（チェコ，スロヴァキア，ハンガリー3カ国共通）
  1. 会社（工場）概要
  ・基本事項：設立時期，投資額，従業員数，売上高，主な製造品目，主な設備，
  ・中欧に投資した要因・背景
  ・設立から現在までの投資評価。
  2. 労務問題
  ・駐在日本人のポジション，現地幹部のポジション，人事配置図
  ・現地従業員の賃金体系（職種別）
  ・現地従業員雇用の仕方，教育・育成の仕方（海外研修，新人従業員の研修カリキュラム，他国工場従業員との比較など）
  ・現地従業員の労務管理（職種別，内部登用か外部雇用，幹部への登用の是非，人事方針，可能性，問題点，外国人労働者問題，職種別平均在社期間，シフト制，労働時間）
  ・組合対策（組合の有無，加入率，団体交渉のケーススタディ）
  ・転職率・欠勤率問題（職種別，対策，現状，データがあれば可能な限り教示願います）
  3. 生産管理
  ・QCサークル（日本式は通用するか，現地化した点）
  ・Just In Time（部品納入方式は通用するか，現地化した点）
  4. 現地調達
  ・現地調達の割合（点数ベース，金額ベース）
  ・調達の問題点
       技術レベル（設備，熟練工）
       ビジネス面（納期厳守，クレーム処理対応，発注条件）
       現調の方針，課題
       本社品証が満足に機能できるか現調のための設計変更はできるか
  ・グローバル調達方針
  5. その他，最近の懸案事項
3 4章注9参照。
4 問題の一つは労働者間の職域区別意識にある。そこで多能工育成のために，複数の工科大学に日系企業は生産工程論など冠講座を設けたり，デンソーのように工場敷地内に研修センターを設立させて，日本的生産方式への親近性を高めている。またTPCAをはじめ日系企業の一部は，幹部従

業員を世界各地のトヨタの生産拠点で研修させている。
5 インタビューは 2006 年 3 月 22 日。
6 2000 年以前にチェコに進出した主要企業にパナソニック，東レ，昭和アルミがある。パナソニックの井上社長（初代）は，チェコに進出した日系企業の指南役を自ら担った。
7 デンソー資料抜粋（労務関係）
- 疾病　疾病保険法（第 187 号・2006 年）
  病気の初日から 3 日間は給与補償無し，4 日目から 21 日目まで，会社が平均給与の 60%の給与補償を行う。22 日目以降は社会保険管理局（OSSZ）が給与基礎日額の 60%を支給する。
- 家族の看病（ほとんどが児童看病）　疾病保険法（第 187 号・2006 年）
  最大 9 日間で OSSZ が給与基礎日額の 60%を支給する。
- 産休手当　疾病保険法（第 187 号・2006 年）
  OSSZ が給付基礎日額の 70%を 28 週間（双子の場合には 37 週間）支給する。出産の 6〜8 週間前から給付される。
- 育児手当　社会保障法（第 117 号・1995 年）
  母親が以下の 3 つのプランの中から選択した一つにしたがって OSSZ が手当を支給する。
  幼児の 2 歳まで　月例 11400CZK，幼児の 3 歳まで　月例 7600CZK　幼児の 4 歳まで　月例 3800CZK
- レイオフ　労働法（第 262 号・2006 年）＋現行の労働協約
  会社側で天災によるレイオフ・操業一時中断があった場合，本来の業務を実施できなかった従業員に平均給与の 80%の給与補償を行う。一時的な販売・サービスの落ち込み低下による場合は，会社が業務のできない従業員にカレンダーウィークにおいて第 1 日は平均給与の 66%，同じ週の残りの日数は平均給与の 74%の給与補償を行う義務がある。
- 無断欠勤　労働法（第 262 号・2006 年）＋現行の労働協約
  従業員が短期無断欠勤（1 日）を繰り返した場合予告期間を設けて解雇に至る場合がある。デンソーの場合半年で 3 回の無断欠勤をした場合から対象となる。
  従業員が 1 日以上 4 日以下（中期），5 日以上（長期）の無断欠勤をした場合，諭旨解雇に至る可能性がある（予告期間を設けて解雇する，あるいは悪質な場合は即時解雇）。その場合は労働組合の合意が必要となる。デンソーの場合，無断欠勤した場合，有給休暇日数を減らす，職務給のグレードアップの停止（製造作業者の場合），月例の変動給，年間賞与の減額あるいは全額削減の可能性がある。
- 皆勤の場合，デンソーでは 3 カ月に 1 回抽選がある，年間 1 回の抽選もある，毎回皆勤者 30 人に 3000CZK の金券を給付する。ここでいう皆勤とは病欠，けが，家族の看病，無断欠勤，無給休暇を取っていない状態。
- 長期欠勤の場合
  疾病保険法（第 187 号・2006 年）によると，病欠は 1 年まで可能で 1 年以上経過した場合は従業員が会社に復帰するか雇用関係を終了するか，障害年金の対象となる。
  黒田氏談　チェコにおいて雇用に関する法規制は，主に従業員を保護するように定められている。また会社は従業員の健康状態や医者による診断結果を調査することができない（個人データ保護法　第 101 号・2000 年）。病気に起因する長期欠勤は解雇の対象にならない。
- 有給休暇　労働法（第 262 号・2006 年）＋現行の労働協約
  暦年で 4 週間それに加えデンソーでは 1 年以上勤務した人には 3 日間，2 年以上勤務した人には 5 日間追加で認めている。有給休暇の消化のために会社が休暇時期を指定する。最低 2 週間をまとめて消化できるようにする。有給休暇を消化できない場合にはよく年末までに消化する。翌年 10 月 31 日までに消化できない場合には，その翌日が未消化の休暇の初日とする。翌年末までに消化

できない場合には消化資格がなくなる。
- 労働組合とは有給無給休暇にかかわらず，会社全体の休暇を事前に話し合う義務がある。従業員の無断欠勤について情報公開しなければならない。
- 労務対策に関してデンソーは専任の担当を置いている。労働協約の交渉，労働組合との連携，苦情・コメント・提案を投函できるイエローボックスの管理運営（目安箱），従業員の満足度調査，CSR（企業社会的責任）を担当する。人事担当者は定期的に人事専門書を購読したり，セミナーに参加する。対処できない問題に関して顧問弁護士と協議する。
- 欠勤率低減のための工夫

出勤率が変動給，ベネフィットにリンクさせている。また疾病保険法（第187号・2006年）とデンソー内規によって病欠中の従業員のチェックを行っている。

病欠中の従業員，短期病欠中（病欠21日まで）の従業員ルールを順守しているかどうかを，外注機関との協力でチェックする。病欠中の従業員の家庭訪問し，仕事復帰の可否や病気を会社付属の医療機関での受診を勧告する。短期病欠中のルールを違反（従業員が届けた住所にいない，医者の指定した外出期間を守らない）した場合は，会社は病欠中の給与補償額を減額（0－100％）できる。病欠22日目以降は，疾病補償責任が会社からOSSZに移転するが，OSSZも病欠中のルールが守られているかチェックし，順守していない場合には補償額を減額できる。会社はOSSZに病欠中の従業員チェックを依頼できる。30日以上の病欠または繰り返しの病欠などの長期病欠中の従業員に対して，会社は定期的に手紙を出して復帰についての連絡を取り合う。

8　第4章注10参照。

参考文献

CSU, *Statisticka Rocenka Ceske republiky*, Prague, (Prague, CSU).（各年版）
CzechInvest, *Annual report*（Prague, CzechInvest）.（各年版）
CzechInvest, *List of the Selected Investors in the Czech Republic*（Prague, CzechInvest）.（各年版）
Hospodarske Noviny（チェコ経済新聞）.
池田正孝（2004）「欧州におけるモジュール化の新しい動き」『豊橋創造大学紀要』第8号。
池本修一（1995）「チェコ・スロヴァキアにおけるクーポン私有化に関する一考察」『一橋論叢』第114巻，第6号。
池本修一（2003）「チェコにおける産業構造の特色と日系企業の投資環境」『経済集志』日本大学経済学研究会，第73巻，第3号。
池本修一・松澤祐介（2004）「チェコの体制転換プロセス：擬似「金融資本主義」の破綻と「正常化」に向けての模索」，西村可明編『ロシア・東欧経済』日本国際問題研究所。
池本修一，岩崎一郎，杉浦史和編著（2009）『グローバリゼーションと体制移行の経済学』文眞堂。
河村哲二編（2005）『グローバル経済下のアメリカ日系企業』東洋経済新報社。
張叔梅（2004）「パートナーシップを通じた組織間学習」『日本福祉大学経済論集』第28号。
藤本隆宏・武石彰・青島矢一（2001）『ビジネス・アーキテクチャー』有斐閣。
藤本隆宏（2003）『能力構築競争』中央公論。
ヘラーD.A.・藤本隆宏（2006）「自動車産業におけるM&Aの成否」『Works』no.74。

付録：企業訪問記録

　本調査メモは2002年より2012年まで著者がチェコなど中欧に進出した日系企業・組織を訪問し取材したものである。

　特定の企業や人物をおとしめる意図は全くなく，学術的価値の見地から当時の現地企業・組織の「生の声」を記録すべく企業名・氏名はそのまま記載する。誤記・誤解などすべて著者の責任である。また4章，5章に記したものと重複する箇所があるが，企業訪問記録として独立して扱うためそのまま記載した。

2002年3月19日　元松下ピルゼン社長　井上氏（京都駅）
- FS調査からはじまる，ポーランド，チェコ，その他で27カ所訪問，チェコだけで7カ所調査した。
- 松下本社の中村社長は当時，ROA，ROEを重視した。電機メーカーの人件費上昇と競争力で東南アジアの地盤沈下は必至。いずれ中国の時代が来るが，中国は政治的状況不安である。
- 100％の有限会社形式，チェコの法律で，取締役会で3名登録必要，井上社長，常務，経理担当重役（いずれも松下から出向），マレーシア松下は株式会社で株を公開しても成功した。欧州英国松下は株式会社だが非公開。
- ブラウン管テレビからプラズマに転換しつつある。200万台生産可能の工場。
- 労働組合はCKD，シコダなど旧国有企業では強いが，一般的にチェコでは組合は弱いと思われる。それは①プラハの春の時，左派の自主管理運動推進グループがパージされた，②89年東欧革命で過激な共産党メンバーがパージされた，などがあると思う。
- 1996年に30歳以下のチェコ人を採用しろと指示した。40歳ではだめ。社会で10年以上社会主義企業で経験している人間は使い物にならない。30歳前後が分岐点であろう。
- マネージャーは6名，40歳以上，シコダから技術者を採用。現在60歳台，

53歳くらいで採用。かれは頭が固かったけれども，適応した。つまり最初は融通がきかない，法に従う，マーマー（なーなー）主義が通じない，論理的思考が強い，などチェコ人の典型であったが，現在では良き右腕になってくれている。

- 旧体制での中流のエリートを採用，中流は車を所有しセカンドハウスを所有している。かれらはハングリー精神がない，自主性，主体性，上昇志向がない。
- 1996年3月工場完成，1996年7月採用開始。労働組合は3年間作らなかった，電機労連から誘いがあり，従業員から3名，申し出があった場合は組合を結成できる，管轄省に申請，3名以上で組織設立，2000年，2001年の昇給時に組合から要求がなかった。
- 給与水準，昇給年3％－5％，2001年4月に10％に引き上げ，他の日系やドイツ系企業が賃金引き上げをしたため，引き上げざるを得なかった。チェコ人の人事マネージャーがほかの企業の給与を調べた，昇給は事業計画作成前に人件費計算する必要がある，3カ月前位から計算した。
- どれだけチェコ人の意見を聴くか，かれらはディマンディングな要求は一般的にない。社会主義時代には，要領の良い人，つまり働かなかった人が得する社会だったが，資本主義になって働く人だけが金を得るということをチェコ人はわかり始めている。抜擢人事を一貫してやっている。
- ボーナスは年2回導入，7月12月，給与の1カ月分で，かなり格差をつけている，マネージャーの時間外手当がない，これはボーナスで対応。
- 品質管理：PQM　panasonic quality management，英国の安全規格　BEAB　これらを順守，6S　整理，整頓，清掃，清潔，しつけ，習慣　5S＋1。習慣は社会主義時代の習慣からの脱却，チェコ工場での徹底。GEMS greeting, etiquette, manner, smile は企業文化の原点と考える，CR2 project コスト削減計画　これらが松下の経営の原点。
- 中欧（チェコ松下）は今後R&Dを重視することになろう。マレーシアでも同様である。
- R&Dはチェコに日本人5-6人，チェコ人数十人，商品企画日本人1名のスタッフがいる。外資企業の現地化が必要で現地スタッフとのコミュニケー

ションが不可欠である。
- 現地調達に関しては，地元企業の設備が古く，チェコフィリップスからブラウン管購入を40％増加させた。大宝工業（タイロン）を誘致し隣接市に工場を建ててもらった。キャビネットを製造してもらっている。
- 社会主義特有の問題は欠勤率である。1968年のプラハの春事件以降　労働者への飴として労働条件を甘くしたのが最初のきっかけであろう。産前産後，最長5年間無給だが休める。中年労働者の体質はほとんどこの体質でマネージャークラスだが使えない。ピルゼンシコダのリストラ従業員が山ほどいるが，使えない。
- 定着率はスタッフ従業員は小さいが，現場従業員は高く，これはどの企業も共通であろう。
- 労務対策，労働時間は法律で週42.5時間だが慣行で週40時間である。
- オーナンバ，大宝工業などの日系企業以外に現地企業を育てて優良なサプライヤー企業にしなければいけないと思っている。コスト，品質，デリバリー，数量などの目標を達成した現地企業との関係を重視する。
- 物流体制は国境が問題で，チェコがEU未加盟だったため大きな問題だった。トラックの荷物検査，税関，ロジスティックスの確立が問題だった。メーカーは生産そのものも大事だが，ロジ，原材料確保，倉庫の管理も重要な問題である。
- 松下はドイツに研究所があるがピルゼンにも研究所を開設し，周辺の工科大学と提携している。

2003年1月20日　JETROプラハ事務所　水野所長（チェコ・プラハ）
- 日系企業の関心は2つ，1つは病欠。診断書があると簡単に休める。チェコは欠勤率が一番高い。欠勤率10-20％，これに有給休暇1カ月を足すと2カ月休む。
- 医者が簡単に診断書を書く→チェコ人仲間に嫌われたくない，診断書を書かないと嫌われる。
- 2つめの問題は家賃の問題。現在の国営民間アパートの家賃は政策的に低く抑えられているが，これから上昇する可能性がある。

・EU 加盟後，物価上昇と労働力流出の可能性がある。
・チェコの投資の魅力は労働流動性が低いこと，チェコ人は生まれ育った町にそのまま居住する習慣がある。日系企業は労働力が安定しているのを好む。しかし家賃上昇がどのようなインパクトをもたらすか心配。

2003 年 1 月 21 日　チェコインベスト　馬瀬氏（チェコ・プラハ）
・日系企業投資ブームの 3 つの理由。
1．2000 年に投資急増，チェコの外資誘致政策が転換，きっかけは 1998 年に社民党政権が誕生，外資誘致を積極的に行うと転換。
2．チェコで工業団地の開発進む，受け入れ準備が進むと言うこと，約 70 の工業団地を整備中特にインフラ整備。
3．1996 年以降，日系企業がハンガリーに投資集中，しかし東部のプスタ地帯（大草原）は誰も進出しない。ハンガリーの投資限界の兆候は 1998 年にみえはじめる。ハンガリー東部は依然として開発途上のまま，ブダペストに一極集中の状況は現在まで変わらない。
・もともとチェコは自動車に関してシコダ生産の伝統があり，部品生産，下請け企業など伝統がある。
・2000-20001 年にトヨタ（TPCA）がコリーンに進出，当時トヨタはチェコやポーランドを西欧への生産基地と位置づけている。
・2001 年以降，トヨタおよび関連企業が進出，第 1 次下請けは 2000 年以降，第 2 次下請けは 2001 年以降に順次進出。
・現在はコリーンにトヨタの準備事務所があり山田氏が駐在。
・チェコ政府は，いずれ外資導入の限界（ブームの終焉）がくるとみている。労働力全体，特に中間管理層や熟練工が少ない。
・失業率は約 9.7％，ほぼ横ばい，国有企業の民営化やリストラで中高年層，日系企業になじまない→適応困難。
・日系企業は若手労働者を初めから育成したいと考えている（他の海外拠点でも同じ）。
・チェコはハンガリーと違い地方に都市が分散している，ブダペストのような一極集中はない，しかし地方に優秀な人材がいるのか。

- 日系企業の関心は人材と賃金，これはどこでも同じ。
- 製造業の投資限界後は，研究開発つまり R&D： テクノロジーセンター，ソフト開発西府とするだろう。そこに投資インセンティブ。
- 西側企業はアイルランドを見本にしている（当時）。
- ハンガリーも EU の FARE プログラムを利用して知的プログラム促進（セーチェニー・プログラム）。
- 2001 年ピルゼンのパナソニックはイギリスのウェールズ生産工場の生産主力をチェコにシフト，生産だけでなく R&D 部門も移設。
- そのほかに松下通信は中国で完成直前まで組み立てて，チェコで製品としている。
- ヒュンダイが進出を調査中（実際に進出した）。
- プジョーがスロヴァキアで別の車を生産している。
- 日系企業の次の関心事は EU 加盟後の投資インセンティブの動向，EU ガイドラインがある。EU 委員会の交渉，ハンガリーやポーランドは EU 加盟後にインセンティブ規定を変更せざるを得ない。チェコは直接投資受入れ政策に関しては，後発なので EU 基準に則って整備している。アイルランドを参考にしている。
- インセンティブ限度額は，投資額の 50％ が上限，8 つの地域に分類し，GDP を計測，EU 平均と比較する。
- いずれ各国のインセンティブ基準は平準化する。すでに投資企業へのヒアリングをして，フォローアップ部門を設立。
- 2002 年に日本商工会が当時のシュピドラ首相に要望書を提出，産業貿易省もこれに対応するプランを作成中。

2003 年 3 月 18 日　青山製作所　本社

- トヨタの第 2 ティアー，トヨタ向けに 50％ の生産，トヨタグループ向け全生産の 90％（デンソー，セントラル自動車など），10％ ホンダと日産。
- 主にボルトとファスナーを生産。
- 2002 年 4 月に 100％ 青山の子会社としてチェコで設立，2004 年 7 月完成，2005 年 1 月トヨタ向け出荷，100％ 内製，日本と同じ品質保持が重要。

- 2000年頃からポーランド，チェコ，ハンガリー進出を考えはじめた。トヨタが欧州で弱い，トヨタの姿勢が変化した。われわれが知らないうちにトヨタがプジョーと合弁，すでにフランスとポーランドに工場がある，そろそろ進出しなければという雰囲気になった。
- チェコに進出した理由は以下の通り。TPCAがチェコにありその近く（輸送費節減），②ハンガリー進出しても遅すぎて，良い立地条件の土地がない，ハンガリーは飽和状態との印象，ポーランドを視察したが道路鉄道などのインフラが未整備との印象，③チェコ人の労働の質がよいと判断した。
- なぜLOVOCICEか，チェコインベストが5，6カ所の候補地を紹介してくれた。メッキをするので排水処理施設が必要，LOVOSICEには下水処理場があった。我々にとってやはりインフラが一番。また地元が誘致に熱心でその熱意が伝わった。工業団地に道路，水道，電気，ガス，電話などインフラを整備してくれるとの約束，地元の投資誘致局が特に熱心だった。エルベ川と同じ水位というのもよかった。
- こちらとしては相対的に水位が高い土地，インフラ，誘致の地元バックアップが3要素。
- 東海理化とデンソーが近いのはたまたま，どちらかというと日系企業がそばにない方がよいと思っていた。なぜなら地元の労働力の獲得競争や就業条件が平準化してしまうからだ。
- 1999年の現地調達推進委員会，米国アジア欧州3極でトヨタのグローバルサプライヤー戦略推進する目的で設立。トヨタは為替リスク回避したいと考えたのだろう。地域軸，部品軸で世界の中で平準化を目指すという目標だ。
- 自動車産業とパナソニックなど電気機器製造業との違いは，自動車は3万パーツという膨大な部品，パナソニックなどは生産からエンドユーザー，ここが産業立地の違いにつながる。

2003年3月27日　読売新聞プラハ支局　ガイスラー氏（チェコ・プラハ）

- スラブのメンタリティは細かいことはどうでも良い，デンソーの中越社長（当時）の話として，日本の新幹線が時間通りにホームに入り，ぴったり乗降口の線に止まるのをリベレッツの市長が驚愕した。

- 社会主義のメンタリティは平等主義。労働条件のスタンス，休暇のスタンス。
- チェコのメンタリティは自分から積極的に発言しない。
- 社会主義時代も含めそれほど悪い生活を送っていたと思っていない，そこそこやって，あとの自分の大切な時間は家族と過ごすなど個人の価値観を大事にする生活を好む。
- 上司からガンガン言われたりするのを極度にいやがる。オーストリア軍やナチの威嚇的言動を生理的に好まない。
- 日本的経営に対するチェコ人の対応は興味深い。たとえば，持ち場を離れずにきれいにしよう，無駄を省こう，目標を達成しようなど，これらのスローガンは，すでに社会主義時代からあった。ウソやまやかしと思っていたが，日本企業は抵抗なく積極的に実行しているので当初は戸惑っていた。
- 特に「カイゼン」というスローガンでトヨタグループが本当に実行している。「チェコ人が日本に行って工場見学すると腰を抜かすほどびっくりする」ようだ。デンソーの中越社長（当時）曰く，「おそらくカイゼンは一種のカルト宗教のようなものと映るようだ」。

2003年3月27日　チェコ・デンソー　中越社長（チェコ・リベレッツ）

- Liberec市は11万人のチェコ北部ズデーデン地方の工業都市，ドイツ風の住宅が市内に多く残っている。400年前までは繊維産業，100年前からグラス製造業で有名。チェコグラスの一大産地。立地はドイツにきわめて近い。伝統的工業地帯で良質な労働力があるだけでなく，リベレッツ工科大学がある（人材供給）。チェコ北部の文化的，政治的，経済的中心都市である。
- 中越氏は2001年9月に社長就任，現地採用チェコ人130人，日本人19人（管理，エンジニア，購買）。
- ハンガリー，チェコ，ポーランドで10候補地を視察した。
- デンソーとしては79カ国目（工場，事務所，出張所など全てを含む）の進出。
- 立地理由は，新興工業団地が整備されている。プラハが近く日本人学校がある。失業率が高い地域なので豊富な労働力がある。ドイツが近く，世界のマーケットを視野に入れての進出である。
- しかし道路が予想以上に悪いと感じた。メキシコより悪い，EU加盟の是非，

- 特に労働力確保がやや心配である。
- 将来はスロヴァキアやクロアチアへの進出もあるかもしれない。
- リベレッツ工科大学では，学生のドイツ語履修50％，経済学部はやや語学ができない印象である。
- 労働力質の評価，社会主義の記憶の少ない世代（新世代）を積極的に採用したい，リベレッツは元々ガラス工業で有名で，女子工員の質が相対的に高い。
- トヨタより早く進出した。トヨタだけでなくVW，アウディ，BMW等西欧のカスタマーをターゲットにしている。
- ハンガリーのインセンティブがEU加盟によりキャンセルになる可能性があるので，チェコにきた経緯もある。

2003年3月27日　TPCA事務所　山田氏（チェコ・コリーン）

- 工場敷地面積は124 haである。
- 欧州には英国とフランスに車両工場がある。エンジン，トランスミッション工場がなかった，だから日本から輸入，これはコストがかかる，そこで欧州のどこかに工場を作る必要があった。中東欧に生産拠点を作る構想があり，結果的にポーランドに作った。
- ポーランド工場は製造コストが安い，英国，フランスに比べ物流費がかかるが，それでも安いと計算した。
- ポーランド工場進出理由　①完全車製造工場ではなくトランスミッション生産が目的だったのでコストの安いところが第一優先順位，②ポーランド政府の積極的支援，③ハンガリーは西欧から遠い，④人件費が安く良質で豊富な労働力，などである。
- チェコのTPCAは完全車製造工場設立が目的である。①サプライヤーネットワークを重視，②チェコの高度な技術レベル，③インフラが中欧の中で最も整備されている，④高度な教育水準など考慮。しかし，道路インフラは思ったほどではなかった。また政府支援体制（チェコインベストなど）が期待したほどではなかったのが現状である。
- なぜポーランドではなくチェコに進出したかについては，インフラ，労働力の点を考慮した。ポーランド工場は，田舎なので優秀な人材を集めるのに苦

労しているのが現状だ。チェコはもともと工業国，工場のあるコリーンも工業都市である。
- ポーランド工場に関してはトヨタ本社ヨーロッパ部事業室松井氏が統括している（当時）。
- プジョーとは 2000 年以前から交渉，プジョーはポーランド進出を望んだ，次にスロヴァキア，チェコは決して第一候補ではない，VW がもともと中欧特にチェコで先行している。
- トヨタはフランスで 15 万台生産，チェコで 10 万台の生産計画だが，これが限界だろう。最初，単独で投資計画すすめる，10 万台生産で単独工場はやはり現実的に難しい。そこでたまたまプジョーから声がかかった。両社で 20 万台以上の生産が可能と判断し，この話に乗った，30 万台だったら実現可能，そこで 50：50 の資本提携という条件で話が成立。
- しかしサプライヤー（部品調達）はトヨタだけでは決められない，プジョー関連メーカと一緒に平等に入札に参加してもらう，大部分の部品はトヨタグループから調達することになるが，そうでないものもある。
- アメリカの GM との合弁ではトヨタ主導だった，しかし TPCA は本当にプジョーと対等である。
- 人材は主にプラハ工科大学，ブルノ工科大学からリクルートしている。
- 一般工具はポーランドよりは良質と判断している，語学のできる技術者，中間管理職のリクルートに苦労している。
- フランス工場ではフランス人従業員 2000－2500 人で，日本人 40 名。チェコ工場ではチェコ人 3000 人で日本人 26 名，ポーランド工場はポーランド人 600 人で，日本人 6－7 名で構成。
- ポーランド，ハンガリーのインセンティブは EU ガイダンスを超えているので危険だと判断している。しかしこの 2 国はトヨタに対して誘致にかなり熱心である。チェコインベストとトヨタの関係は良好だが，ポーランド，ハンガリーほど熱心ではない。

2003 年 3 月 27 日　三井物産プラハ事務所　阿曽氏（チェコ・プラハ）
- 自動車関連企業の進出は約 50 社（当時），一番古いのは昭和アルミで 6 年前

- に立ち上げた。
- 最近注目しているのはテレビ関係の大宝工業だ。パナソニックの下請けで,テレビ用の大型キャビネットが必要だが,チェコ現地企業は使えない。そこで松下が困って大宝にチェコ進出を依頼した経緯がある。
- チェコやポーランド進出のトヨタの系列企業にかんしては,以下の経緯がある。トヨタが最初のアメリカ進出で系列企業を連れて行かなかったので,現地調達で苦労した。系列企業に対して彼らの業績に責任がとれないとの考えからだった。しかし思うように部品調達ができずに設立当初大いに困った。これに対し,ホンダは子会社や系列会社を連れて進出した。これが成功した。それ以来,トヨタ本体は,暗黙の了解として,海外進出の際には系列企業を連れて行くようになった。
- 欧米では自動車メーカーと部品会社との関係は対等で,日本の企業関係とは異なる。企業の生産ネットワーク形成の前提条件が違う。調達や購買など日系企業は長期関係を好む。しかし欧米では,部品調達では,部品一つ一つの契約で価格が決まる。欧米部品企業と取引すると,結果的に(長期的に)コストがかかるとトヨタは考える。長期的に見て,日本の系列企業ではコストが低くなるので,一度生産が確立すると安価で優良な部品を獲得できるという日本的な安心感がある。
- ドイツ企業との取引で,日系企業に要求しているような,年を追うごとに部品価格を安くしろというわけにはいかない。またチェコ企業は,現在のところ資本と技術がないと考えている。もちろんポテンシャルは大いにある。
- チェコはもともと自動車先進国,自動車産業は参入・進出しやすい。トヨタがチェコの企業を下請けとして育てられないか注目している。それができなければ日本から部品を調達するか系列企業を誘致するしかない。TPCA の場合,部品調達はプジョーが権限を持つので,長期コストより短期コスト重視。しかし生産自体はトヨタが担当。したがって基本設計はトヨタが全責任をもつ。結局多くの部品はトヨタ関連企業が調達。
- トヨタ系列企業のコイトなどはすでに欧州向けのサプライヤーとして成立している。コイトのヘッドランプは世界的に定評がある。そこで TPCA も進出したこともあってチェコに進出した。生産規模が大きいほどコスト削減で

きるが，TPCA だけでは採算があわない．たとえば独立系（ホンダ系）だが昭和アルミはラジエターを VW に納入している．
- チェコインベストの評判がトヨタ系企業には良くない．チェコインベストをうまく利用できていないのではないか．チェコインベストは豊田通商のような系列企業ではないし便利屋ではない．過大な期待をしてはならない．
- 企業設立時など，どこにどのような書類を提出するかなど精通しているブローカー的人物が必要である．パナソニックは日系商社を使わずチェコの弁護士を使った，1億円以上かかったと聞いている，昭和アルミは，弁護士ではなく商社（三井物産）に依頼した．
- ドイツにとって中欧は自分の庭（テリトリー）と考えている．インフォーマルな情報にも精通している．ドイツの投資第一陣はチェコ企業を買収（ブラウンフィールド投資），第二陣は主にドイツチェコ国境地帯を中心にドイツ中小企業が進出，チェコ企業を安く買収，再生タイヤ生産，プレス工場などを設立している．
- チェコ人の性格は一言で表現するのは難しい．スラブ民族のメンタリティと社会主義の伝統がミックスされている．家族を大事にする，質実剛健，個人主義，ガンガン言われると参ってしまう．納得はしていないが引き下がるところがある．目に見えるはっきりした行動よりもマイペースでやりたがる．抜擢人事や出世は逆に面倒だと考える人が多い．自分の能力を知っている．

2003年3月28日　コイト製作所（チェコ・ジャテッツ）
- 2001年3月設立，面積6万平米，資本金10億コルナ，ヘッドランプ生産年36万個，現地従業員90名，日本人9名，Launching Development, Production Department, Administration Department に分かれる．営業部門は英国で統括．
- ポーランド，ハンガリー，チェコ3国を現地調査した．① 人的資源，② 人件費に注目し，③ チェコインベストの存在，④ 新興工業団地，⑤ 投資インセンティブなども考慮して進出した．チェコは伝統的な工業国であることも考慮した．
- ジャテッツ市が積極的に誘致，安価で整地済み土地，失業率が高い，しかし

市行政の手際が悪いと思う。チェコインベストも面倒見が悪い。各日系企業にチェコインベストの担当者がつくが、彼らの資質に負うところが大きい。
・豊田通商が全面的に面倒を見てくれた。労働ビザがないと社長に承認できない。この手続きが大変だった。チェコに進出を決める段階で、日本興業銀行ミッションで現地視察をした。ロウニー市に決めたかったが、すでに最適の土地がなかったので隣接しているジャテッツ市に決めた（第二候補）。第三候補はモラビアのホモトブだった。ここは失業率が高く労働力が豊富である。
・ジャテッツ市にはチェコのねじ会社が近くにあり、そこが倒産したので労働力が豊富だった。中間管理職のリクルートは人材派遣会社に依頼、英語は必須条件で採用した。
・コイトの欧州進出は、1996年に英国に進出が初めての経験だ。英国国内および欧州企業に製品を供給しているが、すでに英国工場だけでは手一杯になったため、欧州大陸のどこかに進出したいと考えていた。地理的に西欧に近いチェコは最適。コイト、ルノーへの供給が半分半分、TPCAには取引関係はない。
・チェコ人は思っていた以上に優秀で、指示したことは黙々と仕事をするが、それ以上はやらない。よく風邪で休むのが問題である。風邪なのに一週間以上休むのが通常のようだ。日本では考えられない。気質はおとなしいし、おっとりしている。まるで時間がゆっくり流れている感じがする。日本人に丁寧に話す。
・地元密着の政策として、地元の人間を優先的に採用している。この辺はホップ産地なのでビール祭りに寄付した。洪水の時も寄付した。
・日本企業との情報交換は日本商工会、日本人会、トヨタサプライヤー会で随時行っている。
・日本人従業員は子供がいる場合はプラハ在住、単身者はジャテッツに住む。豊田合成は全員プラハに住んでいる。
・コイト・チェコは、設計はブリュッセル、営業は英国で行っている。正直に言って購買が弱い。日本からの部品調達もしている。
・今後世界シェアを20％から25％にしたい、コイトもトヨタ同様に欧州市場が弱い。欧州ではシェアがわずか数％、これを引き上げるのが当面の目標で

ある．
- 日本食材がほしい，ウィーンに時々買い出しに行っている，日本書籍が手に入らない．
- EU加盟直前なので通関手続きに時間がかかる．
- 午後3時に操業は終了，土日は休みである．
- 従業員の休暇は4-5週間，日本的に夏の3週間は一斉休暇にする．社会保障制度によって，2週間連続で休暇をとらなければならない．

2003年3月28日　アイサン　門脇社長（チェコ・ロウニー）

- Aisan 70％ Bitoron 30％の合弁会社，Aisan bitron Czech, Aisan Bitron Louny の2社が進出した．
- 60000平米，となりにFUJIKOKI, TAKADAKOUGYOUすでに工場建設中，Louny市の新興工業地域に立地．なぜ2工場かというと職種が違うので2つの会社で2つのインセンティブが取得できるからである．
- Louny市に2万人の労働市場があり工場誘致に市が熱心，2工場に5-600人の従業員．
- Aisan Bitron Czech は20億円，45.5 billion コルナ，Aisan 95％, Toyotatsuushou 5％の出資，従業員180名前後，7日稼働1年中稼働している．
- ダイキャソルが欧州に良い製品がないということで，欧州特に中欧に進出した．精度の良い製品生産は難しい，スロットルよりダイキャソル生産を中心にしたい，エンジン回りはアルミ，そのほかは樹脂である．
- ポーランド，ハンガリー，チェコへの進出を事前に調査した．ハンガリーはすでに多くの外資が進出していて飽和状態であった．輸送アクセス，インセンティブ，賃金，労働者などを重点的に調査した．特にインセンティブを注目した．
- ポーランドは賃金が安い，チェコ，ハンガリーは同じ賃金水準と判断した．労働力の差は，実際に指導してみてポーランド人は仕事の覚えが悪い．
- アイサン海外事業部がチェコインベストなどと一緒に現地調査をし，チェコに決めた．労働力の質の差でチェコにした．それ以外にトヨタ関連のさまざまな欧州トヨタグループの会合で情報収集し，ポーランドはインフラが悪

い，とくに輸送交通インフラが悪いと判断した。
- 日本人従業員の生活面も考慮，ポーランドは田舎で住みにくい。
- 豊田通商が世話役，チェコインベストがドイツ企業など立ち上げを経験したチェコ人マネージャーを紹介してくれた。工場建設に関するさまざまな規制の許可取得など手続きが大変だった。役所でのたらいまわしが続いた。規制が各市によって違うので困惑した。労働ビザ取得に時間がかかった。
- 工業敷地の全部がLouny市ではなく隣接する村所有地があるので，個々の市村に申請しなければならず大変だった。市側も経験がなくチェコインベストも助けてくれなかった。
- 門脇社長は，新規工場立ち上げは2回目。2001年7月に人事マネージャーなど幹部社員を採用した。労働ビザがおりるまで同社の代理社長の斡旋は豊田通商に依頼した。なかなかビザがとれなかった（2000年9月-2001年3月）。門脇社長は2001年9月に来て2002年4月から社長に就任した。
- アイサンのアメリカ工場はトヨタが進出するのと一緒に進出した。チェコではトヨタ単独資本だけでの進出は難しい状況だった。
- この地域は失業率が高く16.7％前後，余剰労働者は多い。しかしこれらの労働者は使い物にならなかった。隣接のビール工場やねじ製造工場出身の労働者を雇用したが，ほとんど使い物にならなかった。これらの企業が旧社会主義企業だからだ。
- 係長クラスは英語必須，班長は少し英語ができる程度。全従業員に週1回，2時間，自主的に英語の授業を設けている。全従業員の40％が受講している。
- 賃金格差システム（タリフシステム）を導入している。全従業員の職種を細分化し，3カ月おきに評価する。英語能力も一つのポイントに入れている。3％の賃金引き上げを行う場合，2％は全員一律，1％はスキルによって評価している。3カ月ごとの評価で1％の金額は小さいが，チェコ人は評価を積極的に嬉しがる。チェコ人はほっとくとよく休むので皆勤手当は重要である。欠勤すると生産性が下がるし，トヨタ生産方式なのでマルチワーカーの育成が重要で欠勤は致命的である。
- アメリカ工場で実行したいと思っていた賃金格差システムをチェコで導入したいと思った。これは日本での賃金システムがベースになっている。工夫，

改良などカイゼンを実行。
・フランスでも賃金格差システムはなかなか実現できなかった。フランスでは300人中5人しか英語ができず，コミュニケーションがなかなかできなかった。
・最低賃金7000コルナ，平均賃金11700コルナ前後（当時）。周辺の日系企業の賃金引き上げにつながるため，賃上げは慎重に決めている。従業員の80％が女性，彼女たちは一般的に男性よりもスキル向上を求める。積極的，仕事熱心，休日まで出勤してくれる。しかしもちろんやめる女性も多いのも事実。
・門脇社長の経験では，工場進出が難しい（やりにくい）国の順位は，ドイツ，イギリス，フランスの順，これは基本的に日本を見下している。チェコは違う。しかし社会主義の遺産は足かせなので，原則的に35歳以上の労働者は採用しない。一般的にチェコではマネージャークラス以上には，社用車を貸与しているが，これをアイサンでは採用していない。代わりに人事担当マネージャなどと相談して賃金格差システムを導入した。
・車を提供する習慣はあまり感心しない，しかしこれはチェコの伝統。幹部という象徴の一つとして極めて重要である。しかし自動車保険が充実していないし，搭乗者保険や対人保険がないので，事故などなにかあったとき大変なコストがかかる。
・就業条件の改善が重要，設備はそのままで生産性を上げるにはここが問題。
・欠勤率は当初10％，現在は5％，日本人従業員は単身者はLouny，家族持ちはプラハに住んでいる。プラハ4名，地元1名（門脇社長）在住。
・労務問題で一番問題なのは，労働者の他社との取り合いである。そのためチェコ人だけでなくスロヴァキア人も採用している。

2003年3月28日　チェコ日本商工会3月例会（チェコ・プラハ）
・チェコ企業の賃金調査，現地企業，外資企業，産業別などを実施している。また労働条件，労働時間の問題，業種別の調査，労組の対応，有給休暇，さまざまな手当てなども調査している。
・幹部社員の引き抜き防止のための対策を協議している。

- 日本の賞与制度をそのままチェコに採用している日系企業がある。チェコの法律を調査する必要がある。
- チェコで(逆)見本市を開催　ブダペストで過去3回開催(ジェトロ主催),外国企業が何を求めているかを地元企業に知らせるのが目的。デンソーはヤブロネッツで思わぬサプライヤーを見つけた。逆見本市でこうしたチェコ企業を見つけることが目的。
- 東レでは,夏休み3週間を利用して優秀な学生をインターシップさせている。
- EU加盟によって関税,流通の変化が重要関心事である。3月4日にブリュッセルにて日欧経済対策会議が開催,これは日欧の経済関係強化のための会議,EU拡大でポーランド,ハンガリーの投資インセンティブの改革が討議された。

2003年3月31日　チェコインベスト　馬瀬氏(チェコ・プラハ)

- 新規投資はトヨタ関連が多い,昭和アルミ,豊田合成,パナソニックの工場拡張が始まる予定。またデンソーエアーズ,リプラスティックなどデンソー関連会社が新たに進出。東海理化,古川電工も進出予定。
- トヨタ関連企業のなかでトヨタTPCAは給与が高い。関連会社の給与はそれよりも低い。コリーンの100キロ以内ですでに中間管理職の取り合いが始まっている。
- ジャテッツ(コイト近辺)の軍空港が新興工業団地になる。それ以外に3つの戦略的工業団地(ジャテッツ zatec,ヘフ cheb,オパパ opava)。オパパは住民投票で日系企業の進出に反対,なぜか？
- 2003年は日系企業の進出が一巡した,トヨタ投資が大きすぎたのか。
- 現在の問題は労働力,労務対策,労働コスト。労働コストはこれから平均7％上昇すると予測している。生産性に深く関係するので関心を持っている。
- これからは航空機部品,バイオセンター,医療機器などが有望。
- チェコをトヨタや日系企業は欧州でのモノづくりの拠点と見なしている。チェコ政府はそれが単なる生産基地とみなされているならば,嫌だと思っている。自動車関連の研究開発投資を望んでいる。パナソニックはそれを実行,昭和アルミも考えている。

・アイシン精機はすでにチェコで部品調達している。松下通信がどこまで現地調達できるか，いまのところ半製品でスペック（中国で生産）と言語の組み換えをしている。

2003年3月31日　パナソニック，朝日社長（チェコ・ピルゼン）
・労組は1999年に申請，2000年8月に結成，成熟していない。1700人中，100名加盟，加入率低い，組合，金属労連の指示，人事部長に組合から昇給の要求があった2003年，そこで17％も昇給させた。委員長は23歳，人事部長が給与レベルを調査，賃金体系も調査。
・ボーナスは完全月給制？　ボーナス渡すときに社長が直接評価，チェコ工場特有のシステム，朝日社長，論理性，透明性，正直性を前面に出す，社長直々，週1回のマネージャー会議開催。
・松下の理念をマネージャーに教育，① off JT ② on JT，セミナーは年1-2回マネージャー教育，日常月1回　経営会議　経営開示，マネージャー会議，チェコ人の反応，理解度がわかる，これを確認，たとえば新製品開発，その品質，製造など協議する。
・月1回経営会議と全員集めた総合集会。先月の実績，来月の計画，今月のトピックス，品質に関する提案，指摘，良い提案があれば表彰9級500コルナから1級10000コルナまで8ランクある。
・QCサークルに力を入れる，QC委員会，現場レベル，facilitatorを専門職として増やす，12-13サークルある。
・年次計画，中期計画，毎月経営検討会議　1カ月単位，英国とチェコ工場との比較は，チェコ人は数字に敏感，英国は反応低い。アジアは上位下達方式，現地化が進んでいないし各地域によって異なる。
・テレビ部門，技術以外のセッションは日本人が少ない。チェコ人の理解度が高い，少数精鋭，成功例は英国工場。
・チェコ人の印象や歴史性は，小国なので要求を表に出しにくい，長い共産党支配，簡単に人を信用しない特に上司や管理者。だから松下チェコではいろいろな情報などをオープンにした。共産党支配下のお互いに監視しあう体制や密告などは負の遺産。社会主義的なチェコ人は消極的楽観主義といっても

よい（pesimistic optimist）。
・チェコ人は細かいところまで論理的に説明，イギリスは半分でよかったし，メキシコは強制的に指示でよかった。英国ウェールズは白人 90％ だが学歴が低い。チェコは進学率が高く大卒が 10％，教育制度が良いと思う。特に数学力，数値能力が高く日本と互角。製造業特に細かい複雑なタスクができる基礎となる，数値能力は欧州で 2 位。
・35 歳が社会主義を経験したかしないかの分岐点，社会主義時代で生き延びるために，バランス感覚に長けている，各人の思考嗜好はそんなに差がない。幹部は半分以上が 35 歳以上，語学力に大きな差があるが……。
・2001 年に朝日社長赴任，生産ネットワーク構築と労務対策が課題。
・従業員 700 名，2002 年，生産台数，97 年 20 万，98 年 50 万，99 年 80 万，2000 年 110 万，2001 年 120 万と順調に生産拡大。1999 年，ポンドが割高なので UK 松下の生産をチェコ・ピルゼンに移転するべくそのペースを加速した。UK 松下は高品質製品生産にシフトさせた。累計 430 万台生産，主にイギリスとドイツ向け生産半分半分である。英仏独伊スペインで生産の 70-80％ を供給。最近，東欧とりわけハンガリー，ポーランド，チェコへの輸出（出荷）が増加している。
・課題は以下の通り。① 為替コルナ高，97 年に材料費が 22％ アップし生産コストが上昇している。② 取引に値する電気機器部品サプライヤーがないので，東南アジアの企業や関連企業から部品を輸入している。半導体は西欧から輸入している。電気機器部品の汎用品をチェコで立ち上げるメリットがないし，コストがかかる。チェコは電気機械産業が伝統的に強くない。やはり自動車工業が伝統的だと実感している。③ いまだにインフラが未整備で，物流コンテナ，コスト，ルート，通関などが問題である。④ 社会体制，欠勤率が高いのが問題である。総賃金ファンドの 7-8％ を皆勤手当に充当。3 カ月ごとに評価，皆勤手当改革は 99 年 4 月に第 1 ステップ，2000 年 4 月に第 2 ステップで実施した。病欠はずっと 10％ を超えている。正社員に採用されるととたんに休む傾向がある。操業 2 年目から欠勤率は減らない。したがって 10％ 分余計に労働者を雇用しなければならない。これはチェコの社会制度が悪いといってよいと思う。政府が病欠者に対して賃金保証するので

欠勤率は改善しない。
- 現場従業員で月1万コルナの賃金としよう。1日500コルナ，賃金保証制度ではこの60％が保証される。上限は500コルナではあるが，したがって300コルナ×7日（土日も入れる）＝2100コルナを政府が給付している。これが社会主義の遺産といえよう。給与換算すると500コルナ×5日＝2500コルナ，これでは2100コルナの補償費とほぼ同じ，だから結果的に休むようになる。
- イギリスの欠勤率は5-6％，チェコの欠勤は月曜日，金曜日とおもに夏が多い。管理部門スタッフの欠勤率は5％で定着率は良好。最近33歳の財務部長がドイツ企業に引き抜かれた。サラリーは1500万円を支払い，年金，車を与えたが，結局ドイツ企業にとられた。
- 日本商工会現在は57社，うち製造業27社。
- 欠勤社員の調査は，松下では休業保険調査Gメンに依頼している。
- チェコ部品メーカーネットワークに関しては，1997年2社，2002年25社と取引している。うち日系企業2社，電気機器部品ではなく，成型部品，梱包材，金具，いわゆる構造物である。
- チェコインベストの新規事業 supplier development scheme がある。多国籍企業アドヴァイザー，チェコ資本企業の育成，キャビネットと購入する企業もこのスキームに入っている。
- 2003年は150万台生産目標で，欧州の拠点とみなしている。2001年黒字転換予測。

2003年4月1日　オーナンバ（チェコ・オロモウツ）
- ワイヤーハイネスや電線を製造している。テレビのステレオのワイヤーのキット化，日本国内で最盛期には西日本に25，東日本に25工場あった。アセンブリー部門は労働力が豊富な地域で立地，労働集約である。ワイヤー作成部門は人はいらない。
- 現在は海外へ移転12工場，東南アジア中心である。
- 内職が多い。1986年に英米で住友電工と合弁会社を設立した。
- チェコに投資した理由は，日系テレビメーカーである英国松下，JVC，ソニーなどの顧客対応を見越してのこと。松下電器は特にお得意様である。した

がって松下がチェコに進出したのが大きな理由といってよい。スロバキアに1998年に進出，80名の従業員で操業している。
- すべて委託加工方式で進出。土地建物，従業員の管理は委託，設備，ノウハウはオーナンバが担当している。おもにスロバキアに拠点を持っている。松下の井上社長からスロバキアは遠い，チェコに来いと言われた。物価や人件費はピルゼンは高いけれども，モラビアのオロモウツ近辺はそれほど高くないのでこちらに決めた。スロバキアの工場が近いというのも重要な要因。オロモウツは女性労働者が多いので内職をさせている。
- オロモウツ市の担当者が熱心に誘致，従業員用のアパートを無償で提供してくれる。2001年10-12月に仮工場にて操業，2002年1月に新工場で操業。
- 委託企業には日本人常駐者がいない。問題は欠勤問題である。100人でできる仕事（100人キャパ）でも20%を超える欠勤率のため，130人キャパの労働力を確保しなければならない。30%の労働コストのロスが出ている。投資インセンティブは従業員採用によって機械設備一人当たり5000コルナ×14カ月となっている。
- 職安のリストは年齢の高い人間が多く，オーナンバとしては決して好ましくない。70名はインセンティブで仕方なく採用，80名はフリーで採用。内職は出来高払いではなく，社員扱いにして，固定給で支給。何らかの理由で自宅外で働けない人にはよいが，出来高払いの制度がなかなか社会に定着していないので難しい。欠勤率が高いのでチェコの労働コストは結局英国と同じ程度になっている。チェコの問題は生産性が悪い，欠勤率が高い，内職ができない，出来高払いができないなどで，現在のところアジアのほうがずっとよい。東南アジアでの経験がチェコでは通用しない。
- インセンティブもしっかり精査して判断しなかった。詰めが甘かったといえよう。市の外資企業への対応は，最初の誘致段階は良いが後のフォローがほとんどできていない。欠勤率が高すぎるので従業員の人繰りが慢性的にできない。
- チェコインベストの役割は単に仲介作業である。リストアップ，アポ，アレンジ，通訳代わり。これも最初だけで，親身ではない。担当者のほとんどが若造でアマチュア，何をしてよいかわからないやつばかりである。

・1万5000平米の土地，2000年12月，コリーン，ロウニー，オロモウツなどを視察した。2001年7月に工事開始，とにかく早く操業したかった。トヨタと異なり，投資額が小さいので早く操業して早く利益を出したかった。登記時点で既存の企業を買収した。貿易会社を買収，UKオーナンバがKPMGと取引していたので，その縁で，プラハのKPMGに依頼して弁護士を依頼した。
・欠勤率は平均30％と高い，対策は出来高に応じたインセンティブだが，最初は効果がなかった。ほかのトヨタ系企業と違ってライン作業でないので出来高制が難しい。皆勤賞は毎月1000コルナのボーナスだが，あまり効果がない，どうしたらよいか教えてほしいくらいだ。
・人事マネージャーがカギだと思う。オーナンバではあまり期待していない。

2003年4月1日　東レ・チェコ　枝川社長（チェコ・オロモウツ）

・縫製工場，繊維産業のため水処理施設がある。統括はロンドンにある。
・繊維，プラスティック，ケミカル，医療，コンタクトレンズ，カーボンファイバー・コンポジット（世界一），液晶カラーフィルター（パソコン，携帯）が東レの生産品目で，テレビの液晶はやっと黒字に転化した。
・この工場の生産品は当初EU60％，非EU40％だったが，現在はEU40％，その他60％。縫製は東方に移動する傾向にある。イタリア，スペインは伝統的産地だが，リトアニア，ウクライナ，ロシア，その他バルト諸国にシフトしている。
・来年，EU加盟後，EURO1のcertificateは拡大EU以外の原材料を使用しても関税はゼロになる。しかしEU内販売，拡大EU以外への販売の場合の対応が肝心，糸を東レ他から買ってEU内に売ると関税がかかる。2002年よりドイツメーカーの糸を買ってEUに売却すれば関税はほぼゼロ，第3国で縫製してチェコに持ってきても関税ゼロ⇒これで業績が好転した。拡大EUになりチェコでは生地輸出はゼロ，EU拡大で人件費が高くなるのは必至だろう。
・チェコは東南アジアよりエネルギーコストが安い，水が安い。EUに入るとコストが上がるだろう，これは競争力が下がることを意味する。

- 東レは，まず中欧3カ国への進出を考えた。対象国はポーランドかチェコでチェコのほうが行政の対応が相対的に良かった。ポーランドのほうがより苦労すると判断した。ハンガリーは進出するのに手遅れという印象だった。飽和状態だった。
- 進出理由：チェコは伝統的に工業国で，かつ繊維産業が盛ん。労働力が良質で行政の対応が相対的に良い。東レの幹部がチェコ好き（チェコ党），東レはほかの日系企業より早く進出するのを好む（先進性）。
- 進出の経緯だが，97年後半に経団連ミッションでチェコを訪問。会長は豊田英二，副会長は東レの前田，インターコンチネンタルホテルで，前田がチェコ進出を発表し，97年10月に枝川社長が社長就任。鳴り物入りの進出だったが，計画許可申請にかなり時間がかかった。建設申請に1年以上かかった。1997年11月から取り掛かる。エンジニア会社を表に立てて行政にサインをもらいに行く。すべての手続きに時間がかかる。仮事務所を作り12，13名を常駐。エンジニア会社に報告させた。環境整備など許認可に時間がかかった。1998年2月やっと許可が取れた，1988年4月の起工式までに建築できる環境が整った。
- この土地は繊維産業が盛ん，OK prosteif 縫製企業が隣接，労働力が豊富，prosteif 市が誘致に熱心。しかし実際にはなかなか相談に乗ってくれない（経験不足なのか？），起工式までに建設着工ができないと市の恥だと脅した。
- 一般的に日系企業がチェコに進出する場合，事務所を作り次に工場建設するが，東レチェコは工場から立ち上げた。当時，クラウスは経団連と会談したときに投資インセンティブを導入する必要がないと表明，とんでもない奴だと思った。1998年4月，総選挙前にトショフスキー内閣が投資インセンティブ制度導入を決めた。1997年に会社設立，実は正式にはインセンティブより前に設立，しかしインセンティブ適応させてもらうように政府チェコインベストと交渉した。大変苦労した。チェコの繊維産業に貢献するという理由づけをした。当時チェコの繊維産業は衰退の一途であったことと，他の繊維産業と競合することを避けて協力し合うと理由づけした。1998年10月にインセンティブが許可された。日系企業第1号だった。
- 工場建設は竹中工務店に依頼した。日本人担当者は最初1名だったが8名に

増員してくれた。工期に関して日本同様に厳しく守ってくれたが，下請けのチェコの建設会社は日程管理がルーズで，最後は突貫工事で3交替で工期を完了した。工場建設に関しては役所も，チェコ企業も経験未熟で苦労した。
- インセンティブを取得したので，関税がゼロになった。これで12000万円分助かった，本当だったら4.5％だった。またチェコ人を研修させる費用も補助金が出た。20名を英日タイへ派遣した。費用の2-30％を補助してくれた。研修費用は約3000万円。
- インセンティブの条件の一つとして，雇用創出のため340名を雇用した。しかしアウトソーシングの30名，警備員，食堂，クリーニング，ゴミなどの係員の雇用を想定していなかった。工業省と交渉しアウトソーシング人数もカウントしてほしいと要望した結果，大臣から比例計算で許可が下りた。しかし担当者が許可しなかった，そこで粘り強く交渉して5000万円分獲得した。昭和アルミは雇用創出インセンティブの許可がおりなかった，
- チェコインベストの対応は，最初の1,2年はHavelka総裁で日系企業に対しては何もしなかった。担当者は工場候補地の道案内だけ，その後のフォローはなかった。
- 東レの場合，時間当たり70トンの水が必要不可欠だった。水量計算など全然考慮してくれなかった。井戸掘りに時間がかかるし，顧問できている日本人スタッフも工場用地見学も含め何も来てくれない，2001年にヤーンJahn総裁が就任した。かれは積極的に動いてくれた，素晴らしい。それからチェコインベストは良くなった。
- いくつか工場候補地を回った。クラヌテリッツ，リベレッツ，プロステオフ，プラナナッドルツィニッチなど，立地評価は，交通などインフラ，市の対応，電力，用水，失業率，賃金レベルなどを考慮して決めた。特に良質の用水確保が重要な要素だった。
- Prostejov市の対応は，東レの進出に賛成（市長派）が60％，反対が40％であった。反対が予想以上に多かった。特に環境問題で反対が多かった。公聴会を開いて日本でのヒアリング調査，ビデオを見せた。市議会，環境担当，地域担当者をイギリスへ視察させた。
- 日本人スタッフは，8名でスタートし，次第に減らして2003年現在5名，

2003年末には4名にする予定，最終的には2名が理想。現地幹部社員の育成が重要で部長クラス3名，部長代理クラス4名，課長クラス5名，課長代理クラス6名育てた。部長3名は人事，財務，販売で育成するのに3年かかった。部長クラスまで育てるのに最低2年かかる，大卒社員は昇進を強く望むのが意外だった。チェコでは大卒後5年で部長になる傾向がある。実際には5年だと若くて底が浅いが，5年くらいで昇進させないと辞めてしまう傾向がある。決して優秀でもないのに昇進させなければならない場合がある。幹部社員候補の人材は層が薄いので，スポイルされる傾向がある。かれらはヘッドハンティングの対象となる。東レで3年働くと，トレーニングをしっかり受けさせるので2倍の給料でヘッドハンティングされることがよくある。そのことを打ち明けられると，東レはその幹部社員の給料を上げざるをえない。車を提供し，さらに出世させるなどしなければならないし，そうさせている。退職員制度はないが，なんらかの代替制度を検討している。

・定着率は，幹部社員はかつて20名研修させて，現在8名残る，多いのか少ないのか，もっと定着してほしい。次の幹部候補の育成を図っている。労働者は10％が年ごとに入れ替わる。欠勤率は，99年には10％，2003年には4-5％となっている，1カ月皆勤すると400-500コルナのボーナスを支給，2カ月皆勤は600コルナ，3カ月800コルナ，4カ月1000コルナというように，4カ月が上限，ボーナスのようなもの年に2回夏冬，2003年から年に1回にした。1000コルナ程度，皆勤評価と考えている。事務職の欠勤率は5％程度。

・工場はきれいにさせている，福利厚生，さまざまな行事，スキー，ダンス，アイスホッケー，クリスマスなど，環境を良くしようと工夫している。

・政府案では企業が病欠手当を出すことになる。その代わりに社会福祉関連35％の企業負担率を引き下げる。業界は繊維，皮革，ゴムの組合に加盟，東レは専務理事である。労働時間は週40時間労働から38.5時間になりそうである。有給25日，長期病欠は労務担当者が自宅までチェックにいく，もし病気でない場合には警告の手紙を出し，退職勧告をする。

・幹部教育は2，3年かかる。会社の規定を明文化（内規）し，ポイントを話して幹部社員にチェコ語に翻訳してもらう。

- チェコ人の印象は，リーダーシップがない，やさしい，おとなしい，えらそうにしない，などである。
- 労組の代わりに Company Work Council を設立し，ここで労働条件，賃上げ率などを交渉している。交渉はチェコ人同士で行う。交渉時に日本人はタブー。CWC がないとさまざまな交渉ができない。チェコ人は細かいことを交渉する。月例会（コミュニケーション会），職場単位，そこで要望を上げる，ここでいろいろ言わせる。職場単位で決められることはそうする，共通の部分は日本人幹部が決定する。
- 毎年 CWC と労働協約書を作成し，社長と労働者代表がサインする。
- チェコ人のフロアー労働者の労務対策は大きく改善もしない代わりに悪化もしていない。現在，労働力確保のためウクライナ人やスロヴァキア人を雇用している。ウクライナ人は 10％がチェコ人より優秀で，80％が同じ，10％がトラブルメーカーとなっている。チェコ人と同じ給与水準，宿舎に住まわせる。よく酒を飲む。
- 言語は東レでは中間管理職と英語でコミュニケーションを取れれば構わないと思っている。英会話教室を開催している，試験にパスすると授業料は無料にしている。
- 1989 年に英国に進出した，英国と比較してもチェコと賃金差が 6 倍になっている。

2003 年 4 月 2 日　ジェトロ・プラハ事務所　水野所長（チェコ・プラハ）
- チェコでの欠勤率は 10–20％くらい，地域，企業による。日本では 2–5％程度。
- チェコで欠勤率が高い理由は以下の通り。① 社会主義体制の遺産，② 保険率の設定（所得が低いほど得，悪用が多い）。チェコ企業は伝統的に従業員を休ませて給与を払わなくて良かった（政府の保険から支給），低所得者層は社民党支持，医療制度，医者の地位が低い，裏金ですぐに診断書を書く，医者も必要悪と認識。チェコ人は風邪に弱い。熱がでるとダウンするチェコ人が多い，一般のチェコ人は病欠で解雇できない。
- 欠勤は大陸欧州，中欧，北欧に多い傾向がある。特にチェコ人が多い。20％

の欠勤率は赤字の原因となるし、製造ラインが維持できない深刻な問題の水準である。
- チェコへの直接投資はいずれ限界があるだろう。フルセットの産業成立は困難。電気機械、自動車製造に特化しつつある。フォックスコン（台湾企業）がカルロヴィツェに進出している。パソコンの組み立て、アップルやHP、これが大成功した。インワードプロセッシングすなわち、台湾や中国から部品を輸入し、チェコで組み立て⇒どこでもできるのでは⇒いずれもっと労働コストが低い地域へシフトする。
- トヨタ関連企業の進出は一段落した。富士通シーメンス、タトラは米国、アリア（トラック組み立て）は韓国が買収、チェコ人は単純労働（たとえばライン操業など）を好まず、セルフ生産方式を好む。
- 日系企業の微妙な立場もある。企業ごとにインセンティブなどの条件が違うため、ジェトロや大使館に情報を与えると困る企業が出てくる。しかし本当に企業が困った時は大使館が助けることになるので、なかなか難しい、JBIC（ジェービック）などがその例である。
- デンソーやダイキンなどの環境関係企業の進出が望ましいと個人的に考えている。

2003年4月3日　昭和アルミ・チェコ　柴田社長、工藤部長（チェコ・クラドノ）
- 熱交換器　エアコンやラジエターを製造している。昭和アルミは欧州でのプレゼンスが弱く、80年代にエアコン部品を欧州に輸出していた。欧州は自動車のエアコン、最近装着率が上がっている。
- 最初はイギリスを考えた。日本人が住みやすいため、次にドイツを考えたが、賃金が高く、労働者の欠勤率が高いので、次にチェコに進出を決めた。顧客の要請（ドイツ企業など）もあった。ハンガリーやポーランドも候補地であった。
- Kladno市が大歓迎してくれた。プラハから30分と近く、もともと鉄鋼会社があった工業都市で、これが倒産したので労働力が豊富であった。
- チェコインベストが10件の候補地を紹介してくれた。ピルゼン、クラド

付録：企業訪問記録　119

ノ，……。最終的にこの地クラドノに決めた。プラハに近い，しかし歓迎と実態は全く異なる。工業団地整備が不備で困った。アジアのようにインフラ整備がパッケージになっていない。進出して初めてインフラ整備を始める。整備がなかなか進展しない，整備する予算がないなど言い訳ばかりであった。そこで政府に陳情，チェコインベストも仲介してくれない。住民の反対運動まで発生した。さまざまな許認可手続きに大変時間がかかった。

- そこで三井物産に依頼，安東さんや阿曽さんが助けてくれる，阿曽さんは人脈も広く持ち通訳もできるキーパーソン，大変助かった。
- インセンティブは正式契約はない，メモランダムのみ。非公式に個別企業と政府が約束したもので，ハンガリー，ポーランドは正式のインセンティブがあるのに。クラウスは公式には産業政策はない，いらないといっていた。つまりインセンティブはいらないという考えだった，しかし陰では個別にやっていた。たとえばシコダなどにかなり優遇していたと思われる。
- 顧客はVWである。
- 人事マネージャーを雇用するのが一番重要で大変だった。チェコ人幹部は英語能力と経験，35歳以下の社会主義体制に潰っていない若い世代を雇用したいと思った。しかし35歳以下でも安定を求めるし，何事も積極的ではない，現状維持の傾向がある。35歳以上は社会主義的で雇用を控えた。給与体系は松下ピルゼンを参考にした。チェコインベストを介して外資企業やチェコ企業の給与を調べた。フロアー労働者レベルは地元企業の賃金水準を参考にした。直接公募と人材派遣会社の2つのチャンネルを使った。
- 定着率に関しては，幹部クラスのヘッドハンティングが激しくドイツ企業に優秀な人材をとられる。チェコ人の中間管理職や責任者が必要不可欠なのでその確保が重要でであった。かれらをアメリカで研修させた。欠勤率はオフィス事務員はゼロに近いが，現場労働者の欠勤率が高いのが問題。
- アメリカの経験で柴田社長は，あまり現場に介入せずチェコ人スタッフに任せた。中間管理職に責任感がつくと考えたため。
- 欠勤率は3交替制でいちがいではないが，5％から15％，皆勤賞給与9000コルナにプラス1500コルナ，パフォーマンス給半年に1回。
- 正規従業員が240名程度，期限付き従業員120-130名程度，全体で360名

程度。
- 設立から6年，創業4年，2年かかった。製品価格が高いのでここより東には進出が難しい，ROA 11.6%，ROE 22.0%。
- チェコ人はおとなしい，言葉の民，議論好き，説得しなければならない。慎重な性格で，確実にできることしか言わない。最終的にどこの国に進出するかは各社の好みだろう。

2003年11月3日　昭和アルミ　柴田社長（チェコ・クラドノ）
- 欠勤率は多い時で11-12%，先月は5%，事務職1%，報酬刺激スキームを導入，月500コルナのパフォーマンスボーナス，欠勤常習者は家庭訪問と電話作戦，2週間以上休むと電話，3カ月ごとにボーナス，1000コルナ99年から2002年に土日出勤手当支給，このころ3%以上欠勤率上昇する。このころ手当など導入してもあまり効果が見られない，2003年月別パフォーマンスボーナスを導入，土曜日出勤に残業手当出す，女性の欠勤率が高い，平均年齢32歳，チェコには託児所，保育園がないので3歳まで休む。
- 3年間の育児休暇は困る，女性幹部でも採用する。
- 日本商工会が機能していない，月1回，1つのテーマくらい，松下は欧州本社で法務関係を調査担当してくれる，とくにEU加盟前後の手続きなど，昭和アルミはそういったバックアップがない。
- VWアウディへの納入が90%，取引先にフランスが弱いので開拓している。これまで7カ国に工場，企業文化は昭和アルミ方式だが，日本的経営とは関係しない。提案制度導入している。
- チェコ人は法に従う。根気あり，抽象的な目標より数値目標を好む。現場の認識レベルは場合によっては日本より上。会社の目標なので，たとえば合理化10%時間短縮などを昨年から導入した。大卒チェコ人は全労働人口の5%くらい，これをヘッドハンティングして採用している。
- 毎年のボーナスを8000コルナ（半年）とすると，98年は皆勤手当ゼロ＋8000コルナ，99年は皆勤手当500コルナ＋8000コルナ，2000年皆勤・能力1000コルナ＋8000コルナ，2001年　変動給1500コルナ＋8000コルナ，2002年変動給1800コルナ＋8000コルナというように変動給を増やして固定

給の割合を減らしている（いずれも上限給与）。
- 一時はリクルートが失敗して欠勤率が20％を超えた場合もあった，欠勤も病気であれば会社を辞めても社会保険が出るなどという口コミが広がった時もある。

2004年9月　三井物産　阿曽氏（チェコ・プラハ）

- 西欧進出の日系企業に関して，ドイツや英国，東芝，サンヨー，松下，ソニーなどは簡単に工場を潰せない。進出した政府・市との関係，雇用問題，進出を決めた責任者が本社の重役だった場合にはその人が辞めるまで撤退できない。これがチェコでもいえる，それ以外にインセンティブなどもからみ，日本の投資は長期が前提となっている。
- それに対して韓国企業，台湾企業はすぐに撤収する。たとえば台湾のPCのケース製造企業は，進出してもすぐに撤収した。アメリカ企業も同じで，客車工場を買収してすぐに撤収，航空機企業のロッキードも株を売却してすぐに撤収した。
- 日本はグリーンフィールド投資を好み，赤字が出ても本社が長期にわたり財政的に支える。コリーン市民はTPCA進出時に，トヨタは3-5年で撤退と考えていたが，現在ではあと10年以上は生産を続けると予測している。自動車は消費地立地が原則で，チェコの自動車登録台数は370万台，2.6人に一人，日本より先進的である。
- 京セラがチェコ西部ドイツ国境近くのカダン市に進出し，太陽電池パネル，タンタルコンデンサーを生産している。労務対策で苦労しているようだ。
- TPCAに関して，トヨタのプジョーとの合弁は明確な必然性がない。トヨタ工場は英国とフランスにある，これ以上の単独での進出は難しい。ルノーは日産，VWはシコダ，ベンツは小型車は無理，そこでプジョーが候補に挙がる。トヨタが年間10万台，プジョーシトロエンが20万台，新しい小型車製造，2005年にプジョーはスロヴァキアで30万台の工場建設し，既存の車を製造生産。これはトヨタにとっておもしろくない。トヨタはフリーハンドになりたいのであろう。
- TPCAの雇用は約3000人で，フル稼働時の人集めに苦労している。

- 高い欠勤率はチェコの伝統で，医者が簡単に診断書作成してしまう。
- TPCA は調達，財務部門はプジョーが握る，製造生産部門はトヨタが担当している。新車を設計生産し，新しい調達システム構築した。コスト重視でこれまでの日本の伝統的取引とは違う。コイト，デンソーが調達で取引ができなかった。プジョーは財務（コスト計算）に厳しく決して妥協しない。プジョーは finance が強い。
- 2004 年 7 月にグロス首相が組閣し，ヤーン・チェコインベスト総裁が副首相（経済担当対外経済関係担当）に就任。トヨタ誘致の功績か，新インセンティブが 2003 年春に導入，オリンパスが進出した。
- 3 カ月に 1 回，TPCA では steering committee が開催される。各社の重役が参加，最高会議がテレビ電話も含め相対して会議している。
- 調達のとき日本のサプライヤーはプジョーの厳しい試験を受けた。
- トヨタ車の場合，通常 80％は日系トヨタ関連企業の部品であるが，TPCAでは 30％にすぎない，予想では日本企業比率はもっと少ないと思っていたが，予想以上に頑張ったと考えている。プジョーは調達，財務，人事を握っている。トヨタ側が作成するプロジェクト外の見積もり（積算）にたいしては厳しく評価する。そこでトヨタは，なにかあるとトヨタ独自の予算で実施，たとえば社長や工場長のトヨタ本社への定期報告はトヨタ独自の予算で帰国している。

2005 年 3 月 15 日　チェコ松下　朝日社長（チェコ・ピルゼン）
- イギリスでのブラウン管テレビ製造を廃止し，研究開発部門を UK に残してある。1978 年に進出し，30 年経過して使命を終えたと考えている。イギリス工場の後始末もしている，雇用　90％の雇用を斡旋，政府との関係も考慮している。
- 技術力，開発力はチェコ人の潜在能力が高いので，チェコに研究開発部門をシフトする。その他ロジスティック，インフラも重要な問題だと考える。労働力に関してはスロヴァキア人を期間労働者として採用 2700 人中 150 名雇用している。かれらは休まないし，ハングリー精神あり，一部を正社員に登用している。

- EU 加盟の影響は，通関が簡素化されたことが大きい。関税から VAT へ変更になった。単品部品へ課税されるがあまり影響ない，人件費圧力，ODS からインセンティブがいらないとの意見があった。そこで ODS からインタビューが来た。総選挙で R&D インセンティブをどうするかの調査だ。ユーロは 2010 年ごろ加盟とみている，松下としてはユーロに入ってほしい。
- 関心事はやはり欠勤率問題である。3 日間休むと無給にしているが効き目がない。欠勤率 12% から 10%，チェコ人は風邪ウィルスに弱い。日本人として不思議。
- 昇給部分にパフォーマンス給を 15% に増やしている。皆勤手当と名付けていないが今までは 5% に設定。トヨタのカイゼンにあたる。松下の「提案」「発見」を導入している。
- 欠勤は仕事が忙しくなると休む傾向がある，4-9 月は休みが少ない。

2005 年 3 月 16 日　TPCA（チェコ・コリーン）

- チェコへ進出した理由　決め手は地理的位置，主たるマーケットが西欧，ポーランドはインフラが未整備と判断した。チェコインベストが熱意もって対応してくれた。特別チームを設立してくれた。ハンガリーは飽和状態で，すでにスズキが進出している。
- 京都議定書にある CO_2 削減，トヨタグループは 3 週間に 1 回の勉強会を開催している。情報収集，共栄会リーバ会（菩提樹の意味）で情報交換などを実施している。車は平均 CO_2　1 km / 140 g，日本も 2009 年までにこの水準にしたい，可能でない場合には EU のペナルティーがある。そこで 1000 cc のコンパクトカーで CO_2 と燃費の良い車を製造しようと計画した。
- 同様にプジョーにも同じ思いがあった。
- ヤリスは新プラットフォームを開発。生産分岐点 30 万台，ヤリス 25 万台，その下の車で 30 万台生産できるかだが，トヨタが欧州で 30 万台生産は難しいと判断した。なぜプジョーと合弁するのかはそのためだ。
- 打倒トヨタが奥田会長の口癖で，これは常に前進しろという意味，人材育成投資と位置付け，経営企画副社長，社長，会長，榎本 TPCA 社長で合議した。
- プジョーが財務と調達，トヨタが開発と生産に分業。プジョーは発注行為前

に，サプライヤーに見積もり，試作品を作成させ厳密にコスト計算する。まず発注ありきのトヨタ式とは 180 度異なる。デンソーのエアコンはバリオのエアコンに勝てなかったのは交渉力の差だと思う。コストと品質両方が大事で，議論を長時間重ねた結果の結論である。
・トヨタ方式を日本人がチェコ人にコーチしている。チェコ人はレベルが高いと思う，標準作業を訓練，マニュアル順守の徹底化を実施している。
・トヨタ方式はチェコ人に合うのか，生産現場はロジックの塊，理詰めで対応，阿吽の呼吸は通用しないと実感している。
・2005 年 2 月 28 日現在，従業員 3000 名，30 万台，3 ブランド，120 ha，3 & 5 ドア，トヨタエンジンの 1 リットル車，1.4 リットルジーゼルエンジン（プジョー），トランスミッションはトヨタはポーランド。

トヨタ本社	Steering Committee（最高意思決定機関）	プジョーシトロエン本社
50%	資本比率	50%
榎本社長	TPCA 幹部	サントセル副社長
（トヨタサイド）		（プジョーサイド）
Aigo 年間 10 万台		プジョー・シトロエン各年間 10 万台

・史上最速でチェコでの投資を決定，2002 年 5 月－9 月に造成，2002 年 9 月予定通り造成完了，2003 年 4 月工場建設，食堂に日本食を出す。
・公開入札方式 open tender system，75% チェコ国内から調達，91% がチェコとポーランドから調達。
・2006 年 1 月 トヨタでいう稼働率 90%，現在は 1 直，これから 2 直を導入予定。

2005 年 3 月 18 日 三井物産プラハ事務所 阿曽氏（チェコ・プラハ）
・学校教育はチェコでは職業別になっている。工業高校，専門学校，旋盤工，溶接工など。
国家試験で旋盤工と認められる。これはドイツ方式，すぐに職長になる可能性が高い。

- TPCA はコリーン市に従業員用の宿舎がまだ整備できていない。チェコ人は生まれ育った地元が大好きで，単身でよその土地に長く出稼ぎに行くのを好まない。

2005年10月4日　リプラスティック（チェコ・リベレッツ）

- 1989年の東欧革命から10年以上経過した，しかしいまだもって手続きに時間がかかり社会主義的，インセンティブも申請して半年経過しても応答なかった，2002年7月申請して2002年12月にやっと応答チェコインベストからオファーする形（認可），2003年6月までほったらかしだった，2003年9月に正式に認可，遅すぎる，親会社のデンソーのオファーを子会社が申請するかたち，単独では難しい。
- 2002年7月に土地購入，工場建設のための環境・建築申請，厳しい基準。2003年2月末に工場完成，3月に登記，建物の認可は現時点でもない。
- 商取引の障害　商業登記，取引許可証などがいまだない，商業裁判所に訴えている。
- ビザもなかなか下りない，警察の証明，外務省の証明など時間がかかる。
- 欧州に来た理由　デンソー，清水工業の要請，欧州にはデンソーは1985年に進出，UKデンソー，子会社のPLATEC（UK）設立，2002年にUKからチェコへ申請のため来訪，2000年後半にデンソーから来るよう要請，2002年7月に投資インセンティブを申請。
- 現在のチェコは直投ブーム，しかしそれほどインセンティブはおいしくない，労働コストが安い，立地は良い，教育水準も高い，顧客はデンソー，VW，アウディ。
- 豊田通商はコンタクトなし，ほとんどすべて独力でやった，インセンティブ申請中は銀行口座の資本金を凍結される。資金はどこから調達するかのフォローがないので親会社から借り入れる（出資の形ではない）。借入金を資本金に組み入れるにも，さまざまな書類が必要だった。
- 2002年1月にプラハに仮事務所を設立，企業代表者はビザが必要，ビザは停職，定住所が必要。これはおかしい。これから進出するのに無理，ビザ申請に3，4カ月かかる，住まいを借りるのが大変だった。

- 労働者もマネージャーも大卒は一般的にしっかりしている。雇用条件として2カ月間は研修 prenote，ヘッドハンティングしたくても相手方の企業の承諾が必要，リベレッツの労働市場は売り手市場なので苦労する。prenote の間により良く自分の待遇を売り込むやつがいる，他からこんな条件でオファーが来たなど。
- 有能な人間はデンソーなどとバッティングする。リベレッツはそれ以外にドイツ企業が多く存在してライバルが多い。デンソーよりも高い給与が出せない。デンソーに優良な労働者が行くのは自然な流れ。ドイツ系企業は年間 13-14カ月の給与（つまりボーナス1-2カ月），週35時間労働が基本，日系より条件が良い，ドイツ企業が有利。
- 新規雇用，3カ月は見習い研修，1カ月たたないうちに他の企業に行く労働者がいる。どうのように歩留まりさせるかが苦労する，操業まもないので定着率も悪い。
- マネージャークラスは月5-7万コルナ，労働者は 8000-12000 コルナ。
- 社会保険は35％，うち労働者支払 12.5％，イギリスでは企業が 12.5％支払なのでチェコのほうが負担が多い。
- 欠勤率，イギリスは8-9％，ポーランド，ハンガリーは10％前後，ここは20％前後，人件費を10％増額して対処すべきか。
- チェコ人労働者は，勤勉だが会社へのロイヤリティは期待できない，年間20日有給，年間240日操業。
- マネージャークラスは英語研修（希望者のみ），まだマネージャーから提案はない，2名のチェコ人マネージャーと日本人マネージャー1名，管理は社長が兼務。
- 従業員23名，1シフト，2004年1月から2交代制導入，40名から45名に増員予定，最終的に100名にしたい。
- 行政手続きを簡素化しなければならない，手順が複雑すぎる，チェコインベストの質が高くない，要領得ない説明が多い，几帳面な国民性の割に抜けているところも多い。
- 会計制度が後進的，税制の改編が多すぎる。

2006年3月21日　デンソー・チェコ　中越社長（チェコ・リベレッツ）
- チェコ人の印象は素直でおとなしい。ドイツ人や日本人を馬鹿にするところがあるかもしれない。一般ラインの従業員欠勤率は12-15％程度。給料の70-80％が固定給，残りは成果で判断，能力給　チームや個人を対象。
- デンソーはTPCAの仕事をとることができなかった，そこでワーゲンなど欧州自動車企業が主な取引先となっている，ワーゲンは景気が良くないし，注文が細かくて厳しい。特に納期に厳しい。しかし，TPCAの仕事がないので，ワーゲンとの取引は重要であり比重も高い。
- 次期アイゴのエアコンはぜひデンソーがとりたいと頑張っている。TPCAで作っているアイゴ搭載コンプレッサーエアコンはプジョー関連会社のVAREOが納入している。このコンプレッサーはたしかに小さくて安い。しかしこれは軽自動車むけのもので，ダイハツミラなら問題ないが1000ccだと小さいと思う。
- 長期取引関係の中で，デンソーは工程内でクレーム費を含めコスト削減ができるから，当初の価格がVAREOよりも高くても，必ずデンソーのほうがコストを低く抑えることができると確信しているが，プジョーに理解してもらっていない。
- 逆にほかの取引先であるたとえばBMWは，日本同様のすりあわせ方式なので，取引がやりやすい。やはりTPCAは長期取引の中で，設計技術・開発技術などの観点から品質，デリバリーなどトータルコストで取引を行ってほしいと考えている。
- チェコのトヨタグループは月1回，トップ，全体，個別のレベルで会合をそれぞれ行っている。朝10時から17時に及ぶことが多々ある，そこでは共通の諸問題の解決などを話し合う。

2006年3月22日　コイト・チェコ（チェコ・ジャテッツ）
- TPCAとの取引はほとんどしていない。
- トヨタ進出前に進出してきた。もちろんTPCA進出の情報があり，取引があることを期待していたので，一足早くチェコに進出した。
- もともと欧州に顧客がいる，その供給キャパが一杯になったのでUK工場の

ほかに生産拠点を探していた。UK 工場はヘッドランプ，リアランプを生産している。ところが仕事が増えてきた，トヨタ UK，日産，ホンダ，ランドローバなどの仕事である。2000 年に中欧のどこか良いところに進出したいと考えていた。

・ポーランドは顧客からの距離，インフラ未整備が問題だった。ハンガリーは 2000 年当時，直接投資が飽和状態だった。すでに飽和状態なのでハンガリー政府の対応も良くなかった。是非来てくれという対応ではなかった。対照的にチェコではチェコインベストの対応が良かった。そこでチェコ進出を決めた。

・チェコの労働者は良質で賃金コストが高くない。コイトの場合，製品・生産方式は労働集約型なので，賃金コストが進出の大きな要因の一つである。そこで労働者を取り合いにならない地域，空港が近いこと，首都プラハが近いこと，失業率が高くて雇用インセンティブが適応できること，などが進出の基準となった

・Zatec 市の対応は良かった，もう一つブルノ市が最終有力候補だったが，労働コストが高かったこととブルノ市の対応があまり良くなかったことから Zatec 市に決定した。

・2001 年 1 月，第 1 陣がチェコに進出した，所得税の関係で 6 カ月以内に進出（会社設立）を急いだ。UK 工場のキャパが一杯だという事情もあった。設立に当たっては法律事務所やコンサルタント事務所を利用しなかった。Zatec 市，チェコインベスト，トヨタ通商，竹中工務店が一体となってやってくれたが，特に建築許可など竹中工務店が全面的にサポートしてくれた。2001 年 5 月にプラハに設立準備事務所を設立した。

・Zatec 市が工場用地を造成して渡してくれることになっていたが，ちゃんと整備してくれなかったので何度もクレームを入れた。2002 年 6 月にやっと工場が完成した。2002 年 9 月に生産を開始した。

・TPCA との関係はほとんどないが，TPCA とフランス系ランプ会社との間にトラブルが発生したため 2005 年末から 2006 年に入ってから取引がある。

・お得意様の一つはルノーで 2002 年に入ってからルノー関係者がこの工場を訪問して，ある製品を持ってきて，同じものが作れるかと打診してきた。そ

こで2009年9月からルノーのために工程変更をした。しかし取引形態が，これまでの商慣習と全く違うのでかなり戸惑っている。ルノーは徹底したコスト削減，これが品質よりも最優先となっている。不良品率があるのが前提なのがルノー，こちらは不良品率のゼロを目指すのが体質なのである。ルノーは設計図から契約までものすごい数の書類を持ってきた。完全な形式主義であり，伝統的なモノづくりを実践しているコイトには違和感が最初からあった。日本では取引が長期化すると身内のような感覚になる。トヨタのように古い顧客の場合には，長期的に生産計画通りに生産できるので，こちらも安心して経営できるが，ルノーは突然，部品変更や注文数が増減したりして，そのあとのフォローもないので，工場としての生産能力（計画）を安定したものにするのは困難かもしれない。

・対ルノーは売り上げの30％，製品件数では50％だが安心できない（当時）。それに対し同じ新規顧客のポルシェは，売上で50％，製品件数40％くらいだ，そのほか，トヨタヤリスのリアランプを作っている。こうしてチェコに来て英国よりもますます欧米の企業文化の違い，モノづくり文化の違いを痛感している。

・ルノー，VWなどは自動化，モジュール，オートマチックラインが標準だが，日本ではすりあわせ，自働化などがいえるのではないか。そのなかでポルシェは，欧州の企業だが，日本のモノづくり文化に近いすりあわせの伝統がある。仕事がやりやすいし，部品の打ち合わせの時や取引形態も含め，共通するもの，親和性があるように感じる。なんというか職人気質のようなものを感じる。

・モジュール式の生産方式は，簡単にいえばレゴブロックやパソコンのように，まとまった部品群を組み立てる方式で，運搬，倉庫，組み立てに場所を必要とする。日本には地理的にそんなに広大な工場用地確保は難しい。ジャスト・イン・タイムは，コスト，場所，労働力をセーブする完成度の高い生産方式だと考えている。

・日本の労働者は長期，安定雇用を前提に，よく働くし休まない。ロイヤリティ，団結心，労働意欲がある。チェコ人は優秀だが，欠勤率が高く，定着率が低くて労務対策が難しい。つまり手作業にばらつきが出る，これが欠品

が出やすくなる要因となる．トヨタシステムにはこれが致命的になる．
- チェコでも日本的経営方式の導入は可能ではあるが，やりすぎてはいけないと思う．チェコではデンソー，豊田合成，東海理化などでトヨタ方式の訓練を徹底的に行っている．デンソーでは訓練センターをつくり，そこにお金をかけている．他のトヨタ系企業は予算的にそこまで徹底させるのは無理かもしれない．現地熟練工に少し裁量を与える方式のほうがうまくいくかもしれないと考える．チェコ人は表面的には反抗的ではないけれども，理屈が通らないときは納得しない，日本的な物分かりのよさは期待できない．
- チェコ進出の日系企業の中には，中小規模のところで，日本人トップが，日本的経営をチェコ人に無理に押し付けているところがある．これは逆効果だと思う．無理やり実行しても良くない．じっくり5，6年かけて，日本・チェコのハイブリッドな独自方式を作り上げるのが結局は早道だろうと思う．
- チェコ人労働者の中にはっきりとした階層が存在する．マネジャークラスの現地化率は6-70％，若い労働者は良くやめる．欠勤率は平均で8-12％，生産拡大のときは最大30％のときもある．
- 皆勤手当は給与の8-10％出している．一時的に効果はあるが，今ではあまり効果はない．毎月の給与，90％が固定給，10％が能力給，能力給のうち50％が皆勤手当，残り50％が能力給としている．
- こうした評価はチェコ人マネージャーに任せている．日本人幹部は関与していない．

2006年3月22日　アイサン　門脇社長（チェコ・ロウニー）

- 現地化を進めている．副社長にチェコ人を採用した．これからはシコダやVW，ルノーなどにも販路を広げたい．そこで購買にVWに強いチェコ人スタッフを雇った．
- フランス工場を縮小してチェコにシフトさせている．チェコアイサンは欧米の拠点と位置付けている．
- 売り上げの30-35％をロシアの仕事が占めるようになった．ロシアのBAZに80万台以上の部品を納入している．将来的にはBAZと合弁会社を設立してモジュール生産をしたい，現在はBAZと技術援助契約をしてノックダ

ウン生産をしている．2008年以降にできればロシア進出を考えている．トリアッティやニジュニノブゴロドは進出の有力候補である．
・モノづくりに関しては日本人が大筋を決めてチェコ人に任せるほうがうまくいくと思う．すりあわせ方式とモジュール方式両方作れる地域だ．
・欠勤率5％，最悪の時15％位である．
・TPCAの仕事は6-7％，BAZ33％，ハーレー16％．

2006年3月23日　TPCA（チェコ・コリーン）
・労働者確保が最優先課題でコリーンにアパートを建設，まだ完成していない．
・欠勤率は10-15％と相変わらず高い．社会保険制度が諸悪の根源，休んでも給与の70％支給というのが諸悪の根源だと思う．1週間単位で休むワーカーが多い．
・転職率20％，なかなか定着しない，スロヴァキア人，ポーランド人労働者が合わせて105人いる．
・給与の一部を皆勤手当に充てている．バリアブルペイを導入，休むと給与が減る方式，欠勤には個人ではなく職場グループ単位で対応している．
・マネージャークラスや現場の職長クラスは英仏トルコ日本にて研修させている．

2006年12月14日　三井物産プラハ事務長　安東所長（チェコ・プラハ）
・東欧革命後チェコに2万人の亡命チェコ人が帰国した，これは大きい
・ハンガリーは日系企業100社，チェコは革命前は商社など数社だった，経団連ミッションやトヨタが最近調査に来ている．
・チェコはスラブ文化圏の入り口，ここを拠点に東へ進出．
・中欧の歴史文化，欧州の水準の中にある，イタリアのガラス⇒火を使う，ボヘミアの森の木材⇒チェコのガラス工業の基礎，チェコ，ラトビア，エストニア，ポーランドはドイツ人が開拓してドイツ村を作る．
・産業育成は，10世紀ごろから銀鉱山からはじまった．当時欧州で流通した銀の3分の1はチェコ，ボヘミアから算出していた．ドルということばはタラから，ボヘミアの銀の名称が語源で，ボヘミアの銀がスペインを経て世界

に流通していた。
- ボヘミアの発展はゲルマン・スラブの混在の地で宗教もキリスト教だが、最初は東方正教、巻き返してカソリック 11 世紀、これがチェコが産業発展する起源、それ以外に鉄鉱、石炭鉱山がボヘミアにあった。
- ハプスブルグ期、この帝国の中でボヘミアが工業の 70%、ハプスブルグの富の源泉はボヘミアの工業とハンガリーの農作物にあった。
- 戦間期にチェコ・スロヴァキア国成立、マサリク期 GDP 7 位、一人当たり第 3 位、当時世界の最先進国、その後ドイツが占領し、戦後はソ連圏に編入された。
- 90 年以降にチェコに進出した日系企業の社長はこうしたチェコの歴史を知らない。
- 松下ピルゼンはテレビ組み立て工場である。年 200 万台生産、97 年グリーンフィールドから投資、チェコの歴史、職人の国だと知って進出した。労働コストが安い、良質な労働力、組合運動弱い、上司の指示に従いやすい、松下英国（ウェールズ工場）ラインオフ（不良品）2.5%、これに 10 年かかった、チェコは操業 4 カ月で 2.5%、1 年後 1.9% を達成、日本並みである。
- これでチェコのグリーンフィールド投資に火がついた、98 年 3 月に投資インセンティブ制度が導入される。これまではクラウスの意向で、インセンティブはいらないという方針堅持していたが、それを転換する。97 年クラウス更迭、98 年政策転換、日系メーカー約 40 社、生産拠点として活動。
- 2002 年 1 月に TPCA（トヨタプジョー合弁）がコリーン市に進出し、2005 年生産開始。このほかにトヨタ系企業が続々投資、デンソー、コイト、アイサン、アイシン、青山製作所、トヨタ合成、東海理化など 7, 8 割が自動車関連メーカーである。
- 労働者の質に関しては、「黄金の腕」職人気質で、これは伝統的な大陸欧州気質。これは個人主義、家庭を大事にする考え、論理重視、ソ連やナチ遠くはハプスブルグなど支配下で生き延びた生命力、ストレートに反抗しない、力みがない、感情より論理を重視する。
- 給料を増額すれば 3 交替制でも抵抗しない、24 時間操業が可能になる。同じ 2000 人規模の工場でもハンガリーのソニーは日本人が 10 数名、チェコの

松下は7名とチェコ人のほうが管理しやすいのかもしれない。別の視点では この差はチェコに中間管理職の人材が相対的に多いともいえよう。スラブ人 でありながら，ドイツ系の支配下に長くいたチェコは両方の論理，メンタリ ティ，言葉に熟知しており，今後の拠点としてふさわしい。
- フィリップスは中欧でなく東欧のいきなりウクライナのテレビ工場を買収し て大失敗している。この地域は市場経済を本質的に知らない，やはりいきな りだと難しいかもしれない。そこでフィリップスはチェコに工場を建設し た，ここで養成したチェコ人管理職を今後ロシアに派遣している。
- VWは賢い。シコダを買収，年生産50万台は今でも好調維持し大成功であ る。ここで養成したチェコ人をモスクワ近くの工場に派遣している。
- 松下と東レも今後ウクライナに進出するかもしれない，そうなればチェコ人 スタッフを派遣する可能性が高い。
- EUが拡大し，中欧に先進国企業が投資するのは経済学からすれば当然の論 理，しかし労働コストが次第に上昇するのでここ10年くらいが勝負かもし れない。この間に投資額を回収し，チェコ人を養成し，東方進出するのが企 業の論理であろう。
- チェコ人は，社会主義の中で本当の意味で成果主義，勤勉というものを知ら ない，チェコ人はおとなしい，ポーランド人，ウクライナ人は骨太。
- ハンガリーは，西部は投資が先行しているように好条件だと思う。しかし東 部は農業地帯，西部は飽和状態で中間管理職の取り合いが激しい，人件費を 釣り上げている。
- 商社マンとして，チェコ人に日ごろから台湾を勉強しろと言っている。日本 のノウハウを改良してさまざまな台湾ベンチャー企業が誕生した。
- チェコ企業でもゴウシンゴムやBataなど日本式のように近代化している企 業もある。ゴウシンゴムはかんばん方式，ジャスト・イン・タイムの意味を 十分に理解して，フォルクスワーゲンに間に合いそうもない部品の納入をヘ リコプターを使って納入，Bataは事業本部制を導入している。
- ロシアから大量のロシアマフィアが活発にレストランやホテルなどを買収し ている。チェコはロシアにとってあこがれの国である。
- ドイツは，1990年に入って国内の中小企業がチェコに移転し，典型的なブ

ラウンフィールド投資を行った。ジーメンスはワイヤーハイネス工場を買収して，すぐに売却。これを矢崎産業が買った。ジーメンスはすぐにスロヴァキアに移転，その後ウクライナに移転した。
・今後は，自動車部品，電気部品，医薬，ゴム，ソフトウェア，金融・保険，セラミック，ITオペレーターセンターなどが有望投資先であろう。
・シコダの一部門だったコンプレッサー工場が独立して民営化，アトムス，北越工業（コンプレッサー工業）が委託，部品の調達，当初日本から70％，その後チェコ内50％調達に設計図から制作，この経験からチェコの理解度，ポテンシャルは極めて高い，日本で研修させ，工場の機械操作，工程を覚えさせる。
・せっかく日系企業が進出しているのだから，コンセプトを日本から吸収してチェコ独自の企業文化を作り上げるのがよい。

2010年3月28日　高田工業（チェコ・ロウニー）
・2003年進出，立ち上げ，2004年夏に，金型を日本から搬入，秋から本格生産，大型顧客の東海理化の欧州進出に伴ってチェコに来た。TPCAとフォードが東海理化に対して欧州内で生産してほしいと要請（EU現地調達）。
・自動車の方向指示器などスウィッチを作っている，樹脂成形製造に専念している，欧州にも同業のメーカーがあるが，東海理化が満足するようなメーカーがなかった。
・2008年10月リーマンショックの影響で東海理化も欧州企業からの注文が減って困っていた。30％生産減を覚悟していた。従業員をリストラするか自宅待機か迷ったが，20-30名の自宅待機を選択した。かれらにはチェコ労働法に準拠して60％の給与を補償した。日系企業の中には非正規雇用労働者のレイオフを実施した企業もあったが，正規従業員に関しては，雇用インセンティブの規制により5年間の雇用を保証しなければならなかった。雇用インセンティブを使って60名から80名，そこから100名まで増員，その後景気後退，2009年まで人員カットできなかった。しかし2009年4月から生産回復，人員カットしなくてよかったと思っている。
・当初はチェコ人だけで50-60名で操業するつもりだったが，残業やシフト

の関係で3チーム作ると約100名必要となった。なぜならインジェクションの機械を止めると調子が悪くなるからだ。いったん止めると不良品が出てくるため昼夜操業することにした。
- 離職率10％，欠勤率10％，リーマンショックとその後の経済危機はこうした数値を抑制する効果があった，2006年まで操業時赤字が続き賃金が伸びなかった。
- 賃金と雇用契約は独自方式を採用，雇用契約は長期，給与契約は短期（1年）に分けることにした。一人ひとり面談して説得した結果，90％の労働者はサインせず10％がサインした。サインしたかれらが現在は中核社員となっている。
- 雇用求人条件は，経験不問の若手のみ，3カ月の試用期間，多少時間がかかっても日本的経営を植え付けやすいし，東海理化から日本的経営でやってほしいと要望された。

2011年2月11日　アイサン（チェコ・ロウニー）
- 現在500名のうち60名が臨時工，正規雇用社員を少なくしている，変動分は臨時工を採用している。
- 見える化，標準作業によって安全を徹底している。現在570名で男女比38対62。ダイカスターなど機械の担当する台数（1台担当から4台担当まで）で賃金格差をしている。
多能工育成をめざし，単純作業と複雑作業を区別している。
- 従業員の評価は，3カ月ごとにスキルと出勤率を基準にしている。手当はフロアー労働者レベルには，最大で月500コルナを加給，アワード（賞与）をチェコ人がどう思っているのか，いまだ少し理解できない。
- 長欠のとき，診断書3週間以上の欠勤には家庭訪問などを実施している。欠勤率は3.6％から4.2％，最近の印象ではチェコ工場よりもベルギー工場のほうがよく休む。
- アメリカで能力給をかつて導入したが，仕事もしないのに，すぐに金をくれと要求。効果がないので多能工を結局育成しなかった。
- 労働者の訓練は創業時（最初）が肝心だと思う。強いリーダーシップと暖か

い労務管理（アメとムチ）を実践。よく仕事をして収益が出たらボーナスを支給するということを徹底して教える。若手を優先して採用する。創業時は35歳，現在では40歳が限界か。
・日本的経営に関しては，特にカイゼンに関しては教え込んでいる。日本ではカイゼンは文書にして提出するが，チェコ人は工夫しても面倒くさがって文書にしない場合があるが，手当がなくても実行している人は結構いる。
・これまでは手当（ボーナス）は追加してもらうと税金を取られる（2万コルナ以上の所得に税金がかかる）ので，税金を取られない物品との交換を好む。ポイントは3年有効。
・現地化に関して日本人は3名（社長，副社長，技術），最初から日本人をラインに入れず，コーディネーターとして配置してチェコ人のイニシアティブを尊重している。

2011年2月21日　豊田合成（チェコ，クラステレッツ・ナド・オフリ）

・1949年に創業，売上5000億，従業員26000名，製品は自動車内外装　セーフティ，ハンドル，エアバッグ，ボード，窓枠，フロントグリル，インバネ，LED電球などである。
・顧客はトヨタ以外にホンダ，スズキ，BMW，プジョー，フォード，GM，クライスラーなどだが，新規開拓先としてベンツとVWがある。
・海外拠点はアジア22，欧州6，南ア1，北米17，オーストラリア1，計45拠点。
・豊田合成は2001年3月操業開始し，ちょうど10年経過した。
・工場のある場所はチェコ国境地区，雇用インセンティブ，優秀な人材が目当てだった。この地区は失業率15％，雇用しやすいので進出した。雇用インセンティブは一人当たり20万コルナである。
・売上高は2001年から2007年まで順調に生産拡大，2008年に下がるが2009年から2011年まで横ばいが続いている。これからはBMWとダイムラーの仕事をどれだけ増やすかが関心事。
・現地化を一層進めたい。2013年以降，シニアジェネラルマネージャーにチェコ人をつけたい，従業員686名中，604名正規雇用，19名派遣社員，13名

臨時従業員，42名産休，8名長期欠勤。すべてチェコ人。2007年には830名いたが，2007年から2008年までに100名前後解雇した。2010年から20名程度解雇した。45の海外拠点のうち3拠点で現地人社長を登用，日本人だけのつながりはいずれ限界がある，これからは新たな外国企業顧客との取引には早い意思決定が必要なのでできるだけ早く現地社長，副社長にチェコ人を登用したい。

- マネージャークラスは平均7年勤務している人間で，現在はチェコ人レベルの意思決定を促進している。3人スロヴァキア人，1名フランス人，現在13名のマネージャーのうち11名が大卒，2名が博士取得。フロアー労働者は80％高卒と専門学校卒，20％が中卒，全体の5％が英語を話す。
- 操業して10年経過して日本的経営方式の基本（ここではTPS）は教え込んだ，これまでのところ大きな問題ないが，TPSの精神が伝わっていないかもしれない。工程設計，生産準備，生産の方法をOJTの中で教えてきたが，かれらに理解されてきたか自信がない。問題の解決（カイゼン）の基本に関しては，チェコ人は分かっているが，次のカイゼンにつながっていない。カイゼンの作り直し，見直しができていないかもしれない，新しい工程を入れるときに粘り強く教えている。
- アメリカ工場での経験では，アメリカ人は手先が器用ではない，細かい作業ができない，チェコ人は比較的器用だと思う。
- 欠勤率は8.5％から11.9％の範囲で推移している。リーマンショック以降，欠勤率は低くなりつつある，離職率は1.3％，計画値5％，かつては4-6％と多かったが，景気後退で簡単に転職ができなくなった。給与はフロアー従業員（初心者）で20000コルナ，平均年齢34歳。
- 長期欠勤については打つ手がない。産休・育休は託児所が一般的にないので託児所を作ろうかと思っている。長期欠勤には家庭訪問しているし，電話もしている。平均欠勤日数は5-10日，固定給のほかにボーナスで皆勤賞平均賃金の0.2から0.5％である。

2011年2月22日　東海理化（チェコ・ロボシチェ）
- 従業員885人で全員チェコ人。顧客はトヨタが40％でシートベルト納入，

フォード・ボルボが40％でレバーコンビネーション納入，スズキ10％とサムソン数％にはシートベルトを納入している。
- リーマンショックの影響で2008年，2009年と生産が落ち込む。従業員も2005年は1202名，2009年は899名と雇用調整している。
- Bは女性従業員が70％，産休は10％，100名いる，臨時工は職安，人材派遣，WEBで求人している。
- 欠勤率は2006年11.2％，2011年8.1％と改善している。欠勤率改善のため，皆勤賞などのインセンティブを導入，長欠に対して2年前から家庭訪問している。
- 昨年までは法規によって，最初の2週間の欠勤者への手当は雇用者負担，今年から3週間雇用者負担，そこで会社の負担が増えるので家庭訪問を開始した。住宅に表札がない場合はペナルティ，自宅にいない場合は表札に行き先を明示するよう指示した。ベルを押しても出ない場合がある，外出か居留守かわからない，電話もする，たちの悪い長欠従業員にはペナルティを課している。1回目の違反の場合は給与を半減，2回目の場合は100％カットをするが，病欠の違反は労働法の違反ではないので犯罪にならない。したがって悪質な従業員であっても解雇できない。診断書についても会社雇用の医者を定期的に常駐させている。病欠の診断書も偽造が多いが，これは法律違反になる。こうした違反は女性が多い。医者のモラルが低くすぐに診断書を書く。
- 育児休暇は政府負担，育児休暇で6年間休んだものがいる。
- カイゼンには苦労している。マネージャー，アシスタントマネージャーは日本で研修させる。一般にチェコ人労働者はまじめ，熟練工も多い，いったん仕事を覚えるとまじめに働く，米国での経験では，みんなのんびりしていた。
- TPSの一環として工場内に作業者用の訓練施設（道場）を開いている。トップ以外は原則的に現地化を進めている。日本人幹部とのコミュニケーションがとれるならそれでよい。
- 皆勤手当は3カ月で3000コルナ，1カ月1000コルナだが，有給の休みはカウントしない。最低賃金は15000コルナ，変動給（能力給）を導入，固定給を100とすれば変動給は70に設定。低賃金労働者の方が病欠が多いが，逆に25000コルナ以上の労働者の欠勤率は低い。

・大卒10％，高卒と専門学校卒60％，中卒30％という構成。40％の従業員が英語がわかる。定年65歳だが，ここでいう定年は年金支給年齢が退職定年である。
・労組に34％加入，賃金交渉している。熱心な組合員は2，3名，従業員の平均年齢は34歳。

2011年2月22日　デンソー・チェコ（リベレッツ）

・世界に215カ所，欧州に37カ所拠点がある。主にFIAT，ルノー，プジョーに供給している。ここではエアコン，エッチバックHVAC（これらはかさばるので組み立ては消費地立地）を製造，中の部品は投資コストがかかるので別の場所で集中して生産している。2010年11月よりチェコ人の社長を登用。従業員1432人と外国人労働者で構成。2014年よりGM，2012年よりヤリス用製品を英国工場からチェコ工場にシフトさせる。ドイツ企業に70％納入，うち30％がVW，日系は9％。日系企業との取引が低いのと現地調達率が高い（90％）のがチェコ工場の特色である。欧州で操業するには現地調達を高くしないとやっていけないので関連企業にも来てもらった。
・現地化を積極的にすすめていて，社長がチェコ人なのはトヨタ系日系企業では初めてだろう。2010年VWグループ賞を受賞しFの部品を高く評価してくれたのはうれしい。
・欠勤率はライン（現場）で2008年10.49％，平均6.87％，2009年8.96％，月平均5.52％，2010年4.5％と次第に低くなっている。欠勤率3％が目標である。間接労働者（事務など）は1％と低い。
・給与体系が現場労働者（直接）と技術職事務職（間接）では異なる。間接は固定給のみで，直接は変動給を2009年より導入した。出勤率によって手当が違う。平均賃金25000コルナの2割が変動給，組合と交渉して変動給を多くした。しかし従業員に変動給を導入する経緯やその仕組みを説明して理解してもらうのが難しく1年かかった。2000年中頃，トヨタがこの制度を導入したのでこれを参考にした。もともとトヨタのフランス工場で実行していた。しかしチェコ人は変化を嫌う傾向があり，新しい給与体系への抵抗は強かったが，粘り強く説明して，これでやめる労働者はいなかった。問題のあ

る人の給与とまじめに働いている人の給与が同じなのはおかしいという論理で説得した。組合・従業員対策は気を遣っていて，イースター，ボーリングなどさまざまな交流を深めている。

・長期欠勤者に対して家庭訪問をしている。総務担当，組合役員，外部の専門家の3名で訪問し，もし本当に病気でない場合はペナルティとして手当（給与）をゼロにする交渉をする。この家庭訪問は会社側の人間だけでなく第三者が含まれるので，違反者は納得せざるを得ない。また会社内に医者が常勤していて診断書を精査している。

・リーマンショック以降，欠勤率はかなり下がった。離職率も10％から5％に下がった。リーマンショックは生産の落ち込みなど大変だったが，そのかわりに労務対策は楽になった。新入社員の給与は20000コルナ，周辺工場よりやや高い。チェコ人正規従業員1400名，ポーランド人300名。ポーランド人労働者は時々問題を起こす。しかし一般的にポーランド人労働者の質はチェコ人とそれほど変わらない。ポーランド国内の賃金がチェコに比べて10-15％低いのでデンソーで働きたいと思っている。6台のバスが正門前のバス駐車場にありポーランド国境までポーランド人を輸送している。

・デンソーポーランドの幹部社員がチェコよりポーランドの方が労働者の質が高いと評価しているが，トヨタポーランドにはかなり質の高い労働者が雇用されていて，一般のポーランド人ではなく，経験ではチェコとポーランド人の労働者の質は同じかややポーランド人の方が質が低いような印象がある。国境付近とか地域の問題もあるのかもしれない。

・生産技術スタッフがシコダにときどき引き抜かれる。シコダ，トヨタ（TPCA），デンソーの順に賃金が高い。シコダの新入社員は23000コルナ，平均26000コルナ，こちらの新入社員は20000コルナで，シコダの間接労働者の賃金はデンソーの1.5から1.3倍と思われる。

・中高年の中途採用は積極的に採用しない，基本的に1年契約で様子を見る。新人を育てる方がずっと効率的である。新人で育てて結婚して落ち着かせる。既婚者や子供がいると安定を求め，それほどジョブホッピングをしなくなる。

・チェコ人はまじめで，素直，ポテンシャルはフロアー労働者も技術者も高

い。忠誠心はない。日本人に対して一目置いてくれる。チェコ人は賃金と生活のバランスを重視する。

2011年2月23日　昭和アルミ（チェコ・クラドノ）

- 昭和アルミは6つの事業部門，石油化学，化学，無機，アルミ，電機，ハードディスク，この工場はアルミ部門のなかの，熱交換機部門で構成，アルミ部門は現在は主力部門になっている。
- 熱交換機事業部は栃木小山工場が中心，その後海外へはアメリカ，チェコ，タイ，大連などに進出した。特に中国の事業は伸びている。チェコの工場は製造中心で，販売営業部門はドイツのミュンヘン，ウォルフスブルグと分業している。
- 昭和アルミは1997年に設立，93000平米，200万台コンデンサー生産，生産開始は1998年，従業員250名，間接50-60名，直接150-200名である。顧客はVWおよびそのグループ（アウディ，シコダ，SEATなど）で60-80%，そのほかGM，SAABは10%くらい，シコダだけで20-30%納入，チェコではVWグループが顧客，日本ではホンダ系である。
- 2008年最大200万台，2009年150万台，2010年100万台と生産が減ってきている。ラインは2つあるが1つ休止している。VWのシェアが減ってきている。オーストリアのモディーンと競合しているようだ。VWのモデルチェンジで生産回復する見込みである。
- コンデンサーは風によってアルミが冷媒を冷やす製品であり，原材料はアルミのコイルを購買し，これからチューブとフィンを工場で加工する。ほかの部品をほかの企業から購買，そして組み立ててこれを炉に入れる，EU圏内の現地調達率は90%，一部の部品だけ日本から輸入10%。
- 現地化に関しては，チェコの日系企業の中でもっとも進んでいて，日本人は1人だけである。社長は，生え抜きのチェコ人でエンジニア出身。日本人は2009年には3名いたが2010年に1名になった。日本人の自分は財務担当，あとはすべてチェコ人，間接部門の人間は英語をしゃべる。
- 欠勤率は全体で6-7%，直接部門は5%前後で安定している。したがって人件費予算や人員配置も5%欠勤を見込んで操業している。

- 給与体系は，たとえば 12000 コルナは固定給，0〜5500 コルナ変動給，0〜2100 コルナ皆勤手当，1000 コルナ目標達成ボーナス，平均賃金は 18000 コルナとすると，12000 コルナプラス 6000 コルナが給与となる。8, 9年前にこのシステムに変更した。変動給はグループでターゲットを設定させている。
- 2008 年，2009 年までは転職が目立ったが今は落ち着いた。
- 欠勤に関して，これまでは（2010 年以前）最初の 2 週間は，手当が支給された。2010 年以降は最初の 3 日間は支給されなかった，2011 年以降は最初の 3 日間は無給，以後 21 日までは会社負担で手当支給となっている。

2012 年 1 月 5 日　元三井物産プラハ事務所・阿曽氏

- 日本人学校の生徒数が減少している，2, 3 年前は約 130 名，2012 年は 80 名となった。企業の撤退，人員整理，単身者へのシフトなどがみられる。主にトヨタグループの業績が芳しくないことが大きい。
- P 社はリーマンショック前には最大 33 万台生産していたが，2011 年末現在 28 万台，1 月は 25 万台と減少している。しかし人員を減らさないようにタクトを長くした。
- 韓国製の電化製品は品質管理に問題がある。欠品が多くばらつきが多い。テレビだけでなく自動車にも見られる。日本では設計変更は当たり前であるが，欧州では設計をあまり変えない。
- 韓国の製品は価格重視，コスト重視で品質は 2 の次，1 年保証の製品は 1 年持てばよいという考え，EU 標準では 3-5 年。
- 日本車でも made in Japan の車が高く売れる。労働者の質の問題，あとは品質管理の徹底。
- 日本人労働者は，労働を自分の仕事と考える，欧米人は単なる被雇用者という考え，契約の世界，チェコでは他の社会主義国もそうかもしれないが，終身雇用という考え方が重要な位置を占める。
- 会社への忠誠心はチェコ人には低い。日本人なら，たとえばトヨタなら俺が作った車が街中を走っているという自負がある。⇒ミスチルの彩り（いろどり）の歌詞が象徴的。
- ドイツのギルド制の伝統がある。日本の職人も技術の継承に重きを置く，銀

座・金座，華道・茶道・舞踊などもある種の技術の継承，モノづくりと目に見えない経営管理ノウハウの継承を大事にする，不景気でも新人を採用し会社内の業務の継承がある（JAL）。チェコでもその伝統に通じる点が多い。
・チェコでも年配の熟練工の再雇用が目立ってきた，これは働くことで自己実現しようとすることと，年金だけではやっていけなくなってきたことが背景にある。年金をもらえない人が増えている。月1500コルナの年金の人が増えている（最低年金レベル）。
・25%が23000コルナ以上の給与だが，75%はこれ以下の給与で暮らしている。

2012年1月23日　TPCA（チェコ・コリーン）
・チェコに日系企業242社（2011年末現在）進出，シコダ，ヒュンダイ，TPCAなどチェコで自働車118万台生産（能力），ポーランドは83万台，スロヴァキア52万台（確認），シコダは輸出額7922百万ユーロ，第1位，87.5万台生産のうち94%を輸出，TPCA輸出額1789百万ユーロ，27万台生産のうち99.9輸出，Hyundai輸出額1823百万ユーロ，25.1万台生産のうち99%輸出。チェコは自動車生産輸出国である。
・チェコ国内販売（2011）17万3282台（対前年比2.39%），チェコ市場はEU内で1.2%，シコダ31%，VW 9%，フォード8%，ルノー7%，ヒュンダイ7%，KIA 5%，プジョー4%，シトロエン3%，オペル3%，ダチア3%，その他21%，ヒュンダイとKIAは同グループなので合わせて12%とチェコ国内2位。
・チェコではAセグ（小型車）の比率が伝統的に低く中大型車に人気がある。2007年4% 2011年3%，これに対しBセグ2007年32%，2011年22%，D/Eセグ2007年17% 2011年22%，Cセグ2007年13%，2011年16%。シコダ，ヒュンダイは中型車生産を主力とする。
・敷地124千m^2，建物21千m^2，トヨタ社50%，プジョー・シトロエン社50%出資，トヨタはdevelopment, production担当，プジョー・シトロエン社は財務，parts purchasingを担当，社長はトヨタ，副社長はプジョー・シトロエンから，日本からの出向は現場リーダーが多く，生産現場で指導している。トヨタ社20名，プジョー・シトロエン社7名，日本からの出張応

援は 3 年 – 5 年出向。
- 従業員 2900 名，女性 18％，平均年齢 33 歳，3 チーム 2 シフト，6 日労働日だが，1 シフトは週に 9 時間 41 分，たとえば 3 日昼労働，3 日休みで 3 日夜労働，1 日休みで 3 日昼労働……，2012 年から減産のためシフト変更の予定。
- 現場オフィスともに他社と比較して高学歴，従業員の 74％が 30 キロ圏内通勤，高い欠勤率が課題，生産現場 9％中卒，90％高卒，1％大卒，事務系 43％高卒，57％大卒，ほぼ 70 キロ圏内から通勤。
- 現地調達率はポーランドからのユニット（エンジン，トランスミッション）を含め 95％物流ベース，金額ベースで 89％，日本からの輸入はない。
- 生産台数は 2009 年をピークに昨年は 27 万台に減少，2005 年 10.3 万台，2006 年 29.3 万台，2007 年 30.8 万台，2008 年 32.4 万台，2009 年 33.2 万台，2010 年 29.5 万台，2011 年 27 万台。
- 2005 年に最初のモデル車，2014 年に新モデルを生産予定，そのため現在は生産台数が頭打ち，新モデルが出ると生産は上向きになると予測。
- まず言えることは，チェコ人従業員の意識が変化，成長したと思う（社長談），TPS におおむね適応していると評価している。
- 進出理由は下記の通り。① 伝統的工業国，② サプライヤーネットワークが整備，広範にある，③ 西欧に近い，ドイツが隣接，④ 安価で質の高い労働力，⑤ インフラが比較的整備されている，クルマは鉄道で主に運ぶが，ポーランドは鉄道インフラがいまいち，ポーランドの鉄道はいつまでたっても整備されない，⑥ チェコインベストの熱心な誘致，投資インセンティブ。決め手はチェコ政府が一丸となって熱心に誘致してくれた。トヨタ本社事業企画部が最終的に決定した。また単独で進出できないのでパートナーのプジョーの意向もあった。プジョーはポーランドよりチェコを好んだ。トヨタはポーランドは人材は良いし，人口が多く労働力が豊富と考えていた。チェコ 1000 万人，ポーランド 4000 万人，トヨタとしてはポーランドに進出している TMMP，TMIP などの意見を考慮して，優秀な労働力という点ではポーランドを高く評価していた。チェコ人が悪いわけではない。
- ポーランドの他にトルコ。トヨタの経験を参考にした。トルコは 1994 年から操業し，欠品率が低く，親日的で日本語をマスターする従業員が多い。

3000人の従業員のなかで300人が日本語ができる，あるいは勉強している。日本語ができる従業員はもっと多いかもしれない。毎回，日本のトヨタ幹部がトルコ工場を訪問した際に，一般の現場労働者が日本語を話すのでびっくりする。トルコ，台湾，タイの工場は日本化した優良工場とみなしている（ほぼ日本語が通じる）。トルコは大成功といえよう。TPCAの欠品率も非常に良いのが期待以上であった。

・同社の従業員の74％は工場近くに住んでいる。日本人，フランス人マネージャー以上の幹部はプラハに住んでいる。投資インセンティブの項目に従業員用アパート建設優遇措置があったので，専用アパートを建設する義務があった。工場稼働初期，アパートは満員でフル活用したが，7年経過して空きが目立つようになった。若干市場価格より家賃は安い。現在500人が住んでいる。子供ができるとアパートを出て独立するケースが多い。従業員には昼食代，バス代を支給している。従業員，家族，現場の関係取引先をふくめ8000人の生活に直接影響するのでリストラはなるべくしない。

・課題は生産減少の中で，いかに生産台数を確保し雇用を維持するか，2014年の新モデル生産まで我慢の経営が続いている。新規採用は中断，契約社員の契約終了後は更新しない，特にベトナム人，ポーランド人労働者はビザが切れたら延長しないようにしている。正社員の雇用はできるだけ維持している。現在ベトナム人は15名在籍している。

・離職に関して最近は月10－15名やめる。大部分は見習い期間にやめていく。2007年－2008年から離職率は回復している。しかしマネージャークラスの引き抜きはある。

・欠勤率は短期2％（月），長期3－4％で推移している。2006年は9％（短期長期合わせて）うち短期は6.8％程度だった。2007年に改善する，2008年2009年は短期長期合わせて5％程度。2010年，2011年の欠勤率は微増。

・現地化（人事）　グループ長，組長，班長はチェコ人生え抜き，トルコ工場，日本高岡工場で研修派遣している。高岡工場からも技術指導に来ている。現場労働者はほとんど英語ができない。通訳は派遣社員，常時約10名がいる。社長，副社長はT社とPS社で固めるとしても，生産，管理（間接）のトップや各部門のトップはチェコ人従業員を配置したい。管理部門はTME（ブ

リュッセル）に派遣して研修させている。
- 労働組合 KOVO（ASO・KOVO の派生組合）の加盟率は 20％。
- QC サークルを最近始めている。2, 3 のグループが活動している。
- 関連企業も現地調達でコスト削減を試みている。プジョーも現地調達，購買でコスト削減を徹底している。
- 品質管理は見える化を徹底，これが本質だが，プジョーの徹底したコスト管理姿勢を学んでいる。調達，マネージメント，他社とのさまざまな提携のやり方などを学んでいる。
- 同社は 100 億円の投資のところ合弁形式なので半分で済んだ。7 年で計画達成，プジョーの販売網の強さを利用している。トヨタは見えない部分もきれいに仕上げるが，プジョーは見える部分だけにこだわる，たとえばデザインには大変こだわるが，見えない部分の仕上げは割り切ってやっている。ここで衝突せずにお互い合意して生産する，これがコストカットにつながる。たしかに合弁は面倒な部分が多いし意思決定に時間がかかる。タルバナ（スロヴァキア）のプジョー工場では，TPCA のノウハウを使ってかんばん方式その他 TPS を学んで実行している。
- あくまで合弁のパートナーでも競争相手でもあるので，お互いにコンフィデンシャルな部分は手の内をみせない。トヨタポーランドのエンジンだけは，プジョー調達部門の口を出させない。
- 従業員 3000 名のうち女性が 20％の 600 名，そのうち 120 名が産休，これが一番の問題である。

2012 年 1 月 24 日　ダイキン（チェコ・ブルノ）
- 2011 年 4 月から勤務（久保多氏），2000 年 − 2011 年までベルギー・オステンド・エアコン工場に勤務，ここが欧州第一拠点，D 社は中国，欧州，アジアで稼いでいる。チェコにはピルゼンとブルノの 2 工場がある。売上 1 兆 1603 億円のうち海外が 61.5％を占める。従業員日本人 6553 名，海外・関連企業 41569 名（海外 71.6％）海外法人 151 社，グループ 41 社，2011 年現在空調世界シェア 1 位，化学部門（冷媒，フッ素化学）世界シェア 2 位，売上の 85％が空調，うち国内 31.5％，55.1％が海外。海外での売り上げは欧州

19%，中国 16%，アジア・オセアニア 14%，アメリカ 10%。
- ダイキンブルノは，2004 年 10 月設立，投資額 21 億 CZK（85 億円），ダイキンヨーロッパ 100％出資，昨年まで日本ダイキン 100％出資だった。売上 1646 百万 CZK（66 億円，2010 年度），2540 百万 CZK（102 億円），従業員 610 名（2012 年 1 月）正社員 435 名，派遣 175 名，総投資額 2492 百万（100 億円）2011 年末。
- 製品構成　コンプレッサー　スイングタイプ 60％，スクロールタイプ 35％その他。スウィングタイプ　90 万台　欧州最適化率 100％，スクロールタイプ 30 万台　欧州最適化率 97％。
- 敷地 127000 m^2，工場 30000 m^2，第 1 工場拡張 2009 年 4 月（第 2 工場）。
- 売上は 06 年 40 億円弱，07 年 60 億円弱，08 年 45 億円，09 年 40 億円弱，2010 年 70 億円，2011 年 85 億円。スウィングタイプからスクロールタイプなどに生産をシフトして生産増加，ピルゼン工場は横ばい，ブルノは 150％（対前年比）増加。
- 自動車用のエアコン生産はしない，構造動力が違う，家庭，住宅，会社用に特化，2003 年に欧州は猛暑，エアコンへの需要が急上昇，欧州の経済要因（景気）と気候要因が売り上げを左右する。2011 年夏のギリシャ通貨危機は売上が鈍化，いずれにしてもベルギー工場だけでは生産が追いつかない，あらたな現地生産拠点が必要。生産能力とコスト競争力の強化，ベルギー工場の場合部品購入がコスト高，労働コスト高い⇒競争力強化のために労働コストの低い地域へのシフト。
- そこで労働コストが低く，労働者の質が高く，部品サプライヤーとも近い，インフラなど投資環境整備，チェコインベストのインセンティブなどがチェコに進出した理由。
- 一般用エアコンの需要は特別，消費者はすぐにほしい，すぐにお客が他へ移る。輸入依存だと数カ月前からの輸入計画が必要なので不必要な在庫が出る可能性がある。しかし現地生産の場合，すぐに対応できる，これでチェコ工場進出の大義名分ができ，実際に生産が増加している。
- ベルギー工場では労務費がチェコの 4-5 倍，部品が 2-3 倍かかる。エアコン製造コストの 70-80％は部品コストで占められている。したがってチェ

コでは部品も現地生産品をなるべく使う。チェコ現地部品企業の品質レベルは悪くない，納期，品質について精査している。西欧メーカーの部品は質が高いが価格も高い。しかしチェコメーカーの質は悪くない。ただしチェコメーカーの納期はきっちりしていないことろがある。

- 現地調達は点数ベースでチェコ企業が25％で，その中にはチェコにある西欧企業も含む。地域別にはチェコを含む欧州が40％，中国・タイが60％である。チェコ25％の中にはその40％が現地のローカル企業で，たとえば鉄のキャスティングは現地から納入している。
- ダイキンの3工場（ベルギー，ピルゼン，ブルノ）で共同購買のミーティングや情報交換を行っている。チェコの部品を使用するために，日本で作成した設計の変更の要望がある。設計担当者が一人のため各地工場からの要望にすべて迅速に台頭できない。
- 開発機能を日本から欧州に移している。ベルギーには設計部隊がいる。ブルノ工場もコストの安い現地企業を探して，協議・学習させる。
- モノづくりの3大柱は，コスト，品質，納期である。ロシア，ルーマニアは品質・納期が問題であろう。サプライヤーは打ち合わせ・すりあわせするには，すぐに相対して取引できる企業が必要，遠すぎるとそれが対応できない。
- チェコ人従業員は設立当初は途中入社が多かった。彼らは社会主義のぬるま湯体制にどっぷり漬かっていたから，日本的経営方式になじめないためにすぐにやめた。現在長期に勤務している従業員は，比較的に若くて社会主義の洗礼を受けていない人が残っている。しかし理屈に合わないことには，こちらもきちんと説明しないと納得しない（ロジックが重要)，たとえば「なぜ帽子をかぶるのか」「どうして社歌を歌うのか」,「なぜ朝礼があるのか」など。
- 製造現場の組長（チームリーダー）はチェコ人に任せている。かれらを工場のキーマンに育て，彼らを軸にして他の従業員，特に若手を育てる。
- 2，3年前まで技術職は引く手あまたで月1，2名辞めていった時期があった。現在は落ち着いている。
- 日本人7名，マネージャー以上，チェコ人7名人事，人事管理，製造部門次長など登用している。ベルギーでは社長，副社長が日本人以外，他はすべてベルギー人である。これを目指す。

・欠勤率は 2007 年 8 月に長期短期合わせて 12％ あった。2009 年に制度を変えた。病欠の理由（診断書）を確認し，70－80％ の欠勤者の自宅に家庭訪問（見舞い）を実施。見舞い訪問 1 回目にいなかったら補償額を 50％ に減額，2 回目にいなかったら補償額ゼロにした。そのため欠勤率が 4％ に劇的に下がった。
・皆勤賞は 1 カ月に 2 日以下の欠勤までは 1000－1200CZK を支給，2 日以上の欠勤には支給しない。
・組合の加入率は 18％，リーマンショック後に組合設立，人員整理，解雇を実施 8 名に辞めてもらった。組合に入ると解雇ができない。

2012 年 9 月 6 日　TMIP（ポーランド）
・2002 年 10 月設立，生産開始 2005 年 5 月，生産能力 15000 台/月（2 シフト），従業員 760 人（2012 年 7 月），ジーゼルエンジン生産，ブロツラフ 30 km 近郊 Jelcz-Laskowice，90 km の距離に TMMP があり，A4 高速道路に隣接している。
・敷地　30 万平方メートル，建物 4 万 2000 平方メートル。
・社長，GM は日本人，上級 MG 3 名ポーランド人，7 部門に日本人配置 AGM 級，人事労務はポーランド人が仕切っている。マネージャー以上は車を支給，当初日本人 20 名から現在は 8 名になった。
・生産は 2005 年開始以来，2006 年月 1 万台超え，2007 年 14450 台月平均（ピーク）年 18 万台，2008 年同水準，2008 年後半から 2010 年まで月 5000 台低水準，2011 年後半ピーク月 14200 台に回復，しかし 2012 年後半から生産減少 7500 台。
・欠勤率　目標は 3％，2007 年 5.4％，2008 年 5.2％，2009 年 3.7％，2010 年 4.2％，2011 年 3.3％，2012 年 2.9％，　離職率　2007 年 27.3％，2008 年 17.9％，2009 年 8％，2010 年 6.6％，2011 年 5.2％，2012 年 0.8％　最初は，来ては辞める状態だったが，最近は辞めない。
・カイゼン活動　2009 年に開始，2009 年参加率 13％，2010 年 29％，2011 年 45％，2012 年 60％ 程度と予測，QC 活動（達成率）は 2007 年から開始，2007 年 70％，08 年 72％，09 年 75％，2010 年 76％，2011 年 80％。

- 今年で10周年になる。エンジン生産能力は18万台，2012年は10万台，760名のうち101名が契約社員（期間従業員），そのうち50名はライン。資本はトヨタ欧州（TME）60％，豊田自動織機40％，同社の日本人従業員は全員豊田自動織機から，TMMPは全員トヨタから出向と出身母体が異なるため，TMMP，TMIP 2社で社風が違う。
- 鋳物キャスティングを加工ラインにのせて整えて，組付け，外注品と組み合わせる。AD（2.2リットルおよび2.0リットル・ジーゼルエンジン，5万機）は鋳造ポーランド，ND（1.4リットルジーゼルエンジン5万機）の鋳造は日本，将来はNDをポーランドで鋳造したい。
- TMEではユーロ決済，調達販売いずれも，ラインが2006年，2007年に伸びすぎていたので，品質管理その他でゆるみが出た。2010年NDの生産（日本鋳造・輸入）で生産だけでなくゆるみも回復，現在，生産の落ち込みが激しい，回復の見込みが立たない。
- ジーゼルエンジン（欧州）は58％，TMEではジーゼルエンジンは38％前後，欧州他社に比較して低い。小型車用のジーゼルエンジンは価格が高いので割に合わない。ヤリス，アイゴは1000ccガソリンエンジン，ジーゼルは1.4リットル以上と考えている。2リットルのアベンシス，Versoはジーゼルエンジンが車格にあっている。
- 欠勤率は3％をターゲットにしている。周辺他社よりは欠勤率は良い。2007年5.4％（長期1カ月以上は含まない），新学期9月，10月は欠勤率が上がる。11月は下がる，12月にまた上がる。ブロツラフ地方は失業率10％前後，ポーランド全体で12.3％，オレシニッツァ（近辺）は14-15％，大都市ブロツラフ，ワルシャワは失業率が低い5％前後。TMMPのある地域は失業率が18-20％の地区，もともと炭田がある。
- 退職率（離職率）は5％，直近12カ月は4.75％，2007年ころは悪い。最悪27.5％，4人に一人が辞めた。従業員女性が20％なのであまり欠勤率は影響ない。製造部門によって欠勤率が異なる。農業の刈入れなどは影響ない。
そこで，コミュニケーションが大切だと判断して残ったポーランド人従業員を大事にしようと考えた。しかし生産低減で2010年から早期退職制度を導入した。

- TPS適用のため，PDCAをA3の紙にまとめる練習をやらせている。カイゼン運動も実施。
- 賃金は上位25％に位置するように調整している。TMMPとは距離があるので従業員の取り合いはないが，近辺の日系企業間では移動がある。
- ポーランドのインフラ，特に鉄道がだめ，鉄道日本で1時間かかる距離がポーランドでは2時間かかる。
- 2002年にポーランドに進出した理由は，経済特区が整備されていた，自動織機取締役会で決まった，ドイツ，フランス，以外で労務費が安い中欧でADエンジンを欧州でつくることを前提（日本では共和工場で生産），チェコ，ポーランドに絞った。ポーランドに決めた理由は，ポーランド南部が伝統的な工業地帯，ポーランド人がまじめ，勤勉，日本を見習う，日本・日本人に好意的，当時EU加盟予定であったこと，TMMP社が近くにある，投資インセンティブ，PAIZに日本語のできる熱心な職員が誘致。
- 欧州でのグローバル供給体制の拠点確保の観点から進出，A4高速道路は魅力的，TMIPは装置が大きいので，安易に工場を閉鎖・移動できない。
- NDエンジンの部品7-8割は日本から輸入，ハンブルグまでは船，ハンブルグから列車，ポーランド国内は車，ポーランドの鉄道インフラは最悪，製品現地化は30％。
- TME（ブリュッセル）がすべての調達を決めている。
- ロシアでの生産はほぼ100％ガソリンエンジン，将来はジーゼルエンジンも視野に入れている。
- TIPは碧南工場が親工場。
- 事務系の，現場系ともにリクルートはエージェントに依頼，現場は平均3500-4000ズローチ，初任給2500ズローチ，6：00-14：00早番，15：00-23：00遅番の2シフト，アシスタントマネージャーは平均賃金の2倍もらえる。業績給と近隣の給与水準を考慮。
- 労働組合NSZZ（連帯），2012年からは第2組合OPZZがある。基本的に協力的だが油断禁物だと思っている。保全系事務系にOPZZが多い。現場に連帯系。
- プラハに住みたい，ブロツラフに日本レストランがない。

・ポーランド人はなつく，ハングリー精神もありまじめに一生懸命働く，攻撃的でない，日本と大差ない，従順だが指示しないと動かない，標準作業いわれたことをやる。
・TPSでトヨタの現場はよくキャベツ畑に例える。全員の知恵で問題の芽を摘み取ろうという思想。
・欠品率　月に6日しか完全な日はなかった。2011年，2012年改善している。
・すべてを教えたらポーランド人従業員は成長しないという観点からすべてを教えていない。日本の工場よりも欠品率はTMIPのほうがよいときもある。設備が多いと故障が多いのはあたり前，人間ははじめは間違いが多いが習熟すると少なくなる。オートメーションはメンテナンスが必要，どこまでいっても人間の五感にはかなわない。時間がたつにつれ機械化，自働化は稼働率が悪くなる。
・ポーランド人は掃除好き，機械設備が故障したらポーランド人はひたすら待つ。日本人はいらいらして自分で直そうとするが逆に壊したりけがをしたりする。平社員から組長（職長）まで5段階あり，早くて2-3年で昇格する。日本では10年以上かかる。ポーランド人は手が大きいけれども思った以上に器用。日本人よりも平均身長が5-10センチ高いので，ラインも高くしている。通勤圏50キロ，1時間として雇用している。
・TPSの矛盾は在庫があると安心すること，ないと心配してピリピリする。理解させるのはやはり難しい。

2012年9月6日　TBAI（ポーランド）
・2009年1月設立，生産開始2011年6月，シートフレーム，シートカバー，生産能力26万台（年），従業員423人，敷地80516 m²，建物11851 m²，設備投資3000万ユーロ。
・トヨタ紡織とアイシンとの合弁で大半がトヨタ紡織から出向，トヨタ紡織は1918年設立でトヨタ本社より設立が早い。
・建物は基礎が悪くてコンクリートが固まらない，ポーランドは寒い，霜よけ柱が地下1m入れてあり，工事コストは高い。トヨタヤリスのシートを製造。
・従業員620名前後＋新規事業135人，人材派遣業者に依頼，短期契約3カ月，

6 カ月, 1 週間前に通知すれば解雇できる, 70-80％が正規, 30％弱が契約社員, 雇用は思った以上に大変, 田舎すぎたか, もっと安定的に確保できる地域があったかもしれない.

・BMW のシートを新規に受注, 設計図面通りに製造.
・工場はドイツとチェコ国境に位置している.
・製品はトヨタ紡織ソマンで組み立てて, シートの格好にしてトヨタ・フランスに運ばれてヤリスに組付けられる.
・全体で507人, 日本人7人, 事務スタッフ40人.
・設立の経緯　トヨタ自動車のグローバル化, シートは大きくて（かさばって）, 複雑, JIT は在庫を持たない, 欧州に生産拠点必要, 200 キロ以内でネットワーク, トヨタのノウハウを持っている部品メーカーをトヨタは使いたい, トヨタ本社からトヨタ紡織に対して欧州へ一緒に行こうといわれる. ヤリスはトヨタ・フランスで生産, 当初フォーレシアという企業からシートを調達していたが品質, コスト, 企業体質（経営）面でトヨタが不満を持つ, かねてからトヨタ紡織にフランスに来いと言われていたので進出した. 紡織は欧州進出が遅れていた. そこでトヨタ・フランスから1時間に位置するソマンに工場を建設した. しかしフランスの労賃が高いのでシート部品工場は多少遠くてもよいと判断, そこで東欧チェコ, ポーランド, ルーマニア, ブルガリアを候補とした. たしかにルーマニアやブルガリアは賃金が安いが, 欧州での生産経験がないので無難なチェコかポーランドに絞った. ポーランドを調査したとき PAIZ から経済特区（SEZ）をまわりインセンティブについて説明を受けた. 鉄道はだめだが, A4 高速道路が近いのでドイツ, フランスにアクセスしやすい, トラックで運搬しやすいと判断した. シャープの立地するトルンもみたが少々遠い印象だった.
・従業員家族はドイツが近いのでドレスデンに居住させ, インターナショナルスクールに行かせることにした. しかしドイツのビザを取得するのは難しい, なぜならドイツに利益がないため, 工場はポーランド, 製品はフランス, ドイツになにも益がないからだ.
・日本人目線だけで立地を決めてはいけない.
・欠勤率　10-15％と高い, 長期短期ともに高い, 月曜日, 金曜日は良く休む,

祝日の前日も，社会主義の名残で仮病もある，そこで家庭訪問をしている。
- ポーランドでは欠勤1日目から28日までは会社が給与の80％を払う。29日以上は社会保険庁が払う，社会保険庁も調査するが，医者がすぐに診断書を出すので，欠勤が絶えない。ポーランドのトヨタグループと相談して改善策を考えている。
- 皆勤手当は150ズローチ，平均給与は2500ズローチ（いずれも月），近隣工場を調査して設定，男性従業員は転職しやすい，女性は家庭がある，あまり転職しない，しかし体調を崩す。27-28度になると暑くて倒れる女性がいる。妊娠すると育児休暇2年。欠勤が多いのはクリスマス，20％弱にもなる。離職率は2.4％ 3月移動の季節，1，2月は1.2-1.5％。
- ポーランド人はドイツや英国などに出稼ぎに行く習慣がある。一度辞めた人を雇うこともある。
- 親会社のトヨタ紡織ソマンまで1200キロ，トラック15時間，出荷1日3便，BMWはイギリスのバンブリー（コベントリーの近く）まで運送。
- 現地調達は金額ベースで35％輸入欧州から，点数ベース290品目で26％，シート（クラウン）ならば1000品目，ヤリスなら290品目，ドイツ，ルーマニア，ポルトガルなどから部品を調達。
- 親会社はブリュッセルとミュンヘンにある，特にミュンヘンが中心。トヨタ紡織に調達，営業，人事，経理，R&D機能が集中，同社はミュンヘンが決めたことを製造する。
- まだ組合対策はない，一般に500人を超えると組合ができる。
事務系のリクルートは，インターネット，新聞で求人広告を出したり，職安に依頼することもある。なるべく人材派遣業を使わなかった。
- 生産性は日本より低い，日本の80％くらい，欠品率も高い，日本の欠勤率は5％（短期長期含む）。
- ポーランド人の国民性，日本人の指示を聞く，日本人が転勤で交替するとポーランド人が新任の日本人をなめてかかることもある，すなわちいうことを聞かないことがある，しかし親会社のあるフランスソマン工場より態度は良い。

2013 年 1 月 13 日　TMMP（ポーランド）
- 1999 年 10 月設立，生産開始 2002 年 4 月，エンジン，トランスミッション製造，108 万ユニット・年生産能力，投資額 540 百万ユーロ，従業員 1700 名。
- 生産　2002 年から 2004 年まではトランスミッションのみ，2005 年以降はエンジン約 4 割，トランスミッション約 6 割。

  エンジン・トランスミッション合わせて 2002 年 24 千台，2003 年 117 千台，2004 年 195 千台，2005 年 439 千台，2006 年 869 千台，2007 年 904 千台，2008 年 915 千台，2009 年 924 千台，2010 年 862 千台，2011 年 821 千台，2012 年 709 千台，60-70％が P 社向け，2014 年の新モデル発売まで我慢の経営。
- 雇用 2000 年 18 人，2001 年 88 人，2002 年 116 人，2003 年 462 人，2004 年 807 人，契約 6 人，2005 年 1696 人，契約 265 人（この年 3 シフト，生産急増），2006 年 2000 人，契約 303 人，2007 年 2073 人，契約 7 人，2008 年 2023 人，契約 9 人，2009 年 1875 人，契約 201 人，2010 年 1815 人，契約 211 人，2011 年 1732 人，契約 183 人，2012 年 12 月 1698 人，契約 5 人。
- 顧客　欧州トヨタ工場。
- 欠勤率　2009 年 2.4％，2010 年 2.8％，2011 年 2.8％，2012 年 7 月 2.1％。

  離職率　2009 年　製造現場 10.2％事務 5.5％，2010 年　製造現場 4％事務 3.4％，2011 年　製造現場 3.5％　事務 5.9％，2012 年 7 月　製造現場 4.6％事務 6.8％。
- 労働組合 NSZZ（連帯），2012 年からは第 2 組合 OPZZ がある。組合との関係は良好，2009 年には景気後退のため給与ベースアップ 0％に合意した。2012 年にはさらなる生産減少でシフト縮小に合意。組合加盟率は 2007 年 17％，2008 年 19％，2009 年 26％，2010 年 29％，2011 年 30％，2012 年 7 月 30％。
- QC サークル参加率は 2009 年 86％，2010 年 97％，2011 年 99％，2012 年は 100％を達成目標にしている。
- 現地化は社長 UK から英国人，同格のコーディネーターにトヨタ日本から日本人，GM にポーランド人 2 名，日本人 1 名，上級マネージャー 9 名のうちポーランド人 9 名ただしサポートに同格の日本人が 7 名配置，とりわけ人事

労務はマネージャークラスもポーランド人のみ，トップだけ日本人。
- ポーランド人と日本人との共通点が多いと思う（社長談）忠誠心が強い。ポーランド人は日本人幹部に協力しようとする意識がある。勤勉。T社英国やトルコ工場は人材が育ち，同社の社長は英国工場出身。両社ともに社長，副社長は現地採用。
- 生産減少が続いている。2012年5月まで3シフト，5月から2シフト，人員削減は契約社員を対象。
- 組合は2012年12月現在，OPZZ 150名，NSZZ 450名。
- 日本人従業員はブロツラフに居住，ベルリンやプラハに買い物に行く。
- ポーランド人平均賃金は近隣工場の中位になるように調整している。
- ポーランド人幹部はTMEや日本に出向させて研修させる。親工場は衣浦工場（トランスミッション）が担当，上郷（かみさと）工場（エンジン），サンクトペテルブルグは元町工場が担当で日本からすべての部品を運び完全組立（CKD），トヨタは親工場制をとっている。TPCAは高岡工場（カローラなど）。
- 現在，外国人労働者はいない。従業員は50キロメートル圏内。
- TMMPは自分で調達・仕入は決められずTME（ブリュッセル）が決める。プジョーは在庫を持たないシステムであるから，西欧の生産ネットワークに組み込まれている。部品調達のコスト削減のため日系企業を中心に現地から主に調達。現地調達率50-60％，ポーランドから6-10％（金額ベース），現地（欧州，ポーランド系企業）の部品欠品率は日本の10倍。

2013年1月24日　青山製作所（チェコ・ロボシチェ）
- 2002年4月工場設立，2007年工場増設，資本金　5億1500万CZK，従業員2011年204名，2012年207名　駐在員6名，売上　2007年25000千ユーロ，2008年23000千ユーロ，2009年20000千ユーロ，2010年　19000千ユーロ，2011年23000千ユーロ，23億円。
- 自動車用ファスナーのトップメーカーとして欧州市場に確固たる足場を築く。
- 品質管理の徹底による自工程完結。
- コスト競争力は労務費などの地域特性を生かしてTPSによるムダの徹底排

除。
- 納期は後補充方式による 100% on-time delivery の実践。
- 技術開発はまだ顧客への開発提案型企業には至らない，セールススタッフいない，これが課題。
- 2003 年間から 5 年間で後補充方式の定着を図った工場実現，工程で品質確保実現，日本のモノづくり技術がチェコ人へしっかり移転実現。
- 土地　83300 m^2，敷地　32900 m^2，工場　30600 m^2。
- 熱処理・表面処理まで工場一貫生産。
- ボルト生産。
- 顧客，トヨタグループ。
- トヨタの欧州新事業 TPCA 設立のためにチェコ進出，2008 年に大規模投資。4 億 CZK したものの，2008 年のリーマンショック以降は欧州金融不安もあり売り上げは頭打ち。
- 会社トップは日本人，2012 年 4 月に組織変更で大きく変革（現地化），コミュニケーションの円滑化，スピードアップを狙い，マネージャーはすべて現地化実現，駐在員は並列のコーディネーター化，最近成果が出始めている。モチベーションがアップした。
- 賃金はチームリーダー以下，基本給＋スキルボーナス（平均月 1000CZK），グループリーダー，スペシャリストは基本給プラス語学手当プラスボーナス（基本給の 5% を 2 回/年），マネージャーは基本給プラス語学手当，ここ数年ボーナス支給はなし，車の支給もなし。
- 海外研修は日本に出張研修あり，QC，日本での社長監査，スキル教育，新人研修のためのカリキュラムあり。
- 日本人社長は，マネージャーは当初内部登用と考えていたが昨年から間接部門は欧州流に変更，すなわち管理スキルを持った人材を採用，下から上げて育てていくのが理想という考えは変わらないが，日本人より階層意識が強くなかなか上のレベルの考えまで到達しにくい。日本人社長の任期終了までには現在のマネージャーの中から副社長を登用したい。やはりここはチェコ，チェコ人でまわして始めて欧州あるいはチェコの会社となる。いつまでも日本人が日本流のやり方で回していては発展しないと考える。

・外国人従業員はいない．現場は在職5.8年と長い．現在によるが2シフト，3シフト制．
・組合はあり，上部団体はKOVO．203人中26人　加入率12.8%，会社と組合は非常に友好的な関係．さまざまな改善に前向きに協力．毎年の賃金交渉は互いに理解しあいながら無理のないレベルで決着（現実的）．
・欠勤率は病欠4.3%，有給11.5%，産休3.0%（6人/206人），カレンダーで3週間以内が企業補償の範囲，病欠　稼働率3日以内　無補償，稼働日4日以降カレンダーで21日まで，低所得者は総支給額の60%，4週間以降は国が補償．
・生産管理は2012年より1サークル立ち上げ，まだ立ち上げたばかりでQC手法の勉強から始める．なかなか日本式の問題解決の定着は難しい，グラフ，表を使ってのまとめ方が苦手，言葉で表現したがる．
・JITに関しては，チェコ人には，まとめて生産したほうが製造原価が安いという従来の考え方が根強い．会社トータルに考えてその会社の力に合った在庫，生産ロットがあり，レベルアップのために在庫を減らして問題点を顕在化させて改善につなげるという考え方が，なかなか定着しない．
・生産384品目中現地生産293品目，材料，ワッシャー，型などを日本から調達していて，ユーロ安により厳しい状況．円での調達・支払いは売り上げの60%を占める．現地化を加速中，ワッシャーはチェコ，スペイン，型はイタリア，補修部品はチェコで調達可能か検討中，調達できない品は日本へ依頼，材料は日本輸入から一部現地材にシフト中．
・調達に関して，技術面は欧州から学ぶ点が多い，日本が一番であるとの思い込みは危険，日本のように仕入れ先を育てていくという考え方がないが，一部チェコ企業を教育中．
・本社（日本）の品質管理レベルは，データ管理，統計的手法など管理レベルは日本より進んでいるところもある．
・現地調達を日系企業は声をそろえて言っているが，いざ末端まで落ちているかどうか疑問である．工数がなく，うまく回っていないのが実情．設計変更が実施されても，実際に物が切り替わるのに1年かかる．
・トヨタグループで90%，残りをマジャールスズキなどが占めている．その

ため欧州のほかの顧客を見つけるのが課題，トヨタの比率を下げ，他社を増やすのがリスクマネージメントだと思う。またドイツの部品メーカー，カマックスと協力関係にある。この会社はワーゲン，シコダ，BMW，アウディに供給している。たとえば訪問した日は熱処理1本ラインを動かしてカマックスの仕事をする。カマックスには商社部門（ファシル）があり，積極的に動いている。

・フォードは工場ごとに部品供給メーカーを取りまとめる（まるでメインバンクのよう）企業を決めている。そこが別の下請けを指名する。たとえばベルフォフという企業がSPP（single plat production system）の頂点となったりする。BMWも同じでカマックスをSPPに指名して，カマックスが他の部品メーカーを指名する。同社はカマックスから指名を受けている。
・しかしシコダやワーゲンは部品ごと直接メーカーと契約・購入している。
・2011年ごろから人事は現地化を進めている。チェコ式の注意の仕方，叱り方などやはり判らないからだ。工場長（チェコ人）に司会をまかせて朝9時のミーティングをする。チェコ人に自分の会社という意識を持たせる必要がある。また平準化，生産性などさまざまな指標を示して意識化させている。チェコ人は引っ込み思案なので日本的方式だとうまくいかない場合がある。
・ヒューマンリソース（HR）部門はチェコ人マネージャーが不在，日本語のできるチェコ人スタッフを登用したが，結局HRマネージャーは外部から雇用した。同社はHRが弱い。R社はHRマネージャーがしっかりしていてうらやましい。
・組合はあったほうがよい。労務の交渉相手は必要である。
・チェコ人は風邪に弱い，熱に弱い。日本人なら少し調子悪くても出社するがチェコ人はしない。欠勤の場合21日間欠勤まで給与を自社負担するので困る。
・TPSは日々生産工程で工夫する方式のため，QCサークルを作って意識させようとしているがなかなか定着しない。
・マジャールスズキは現地調達，部品共通化がトヨタより迅速で努力している。
・生産コストはアジア，チェコ，米国，日本の順，輸送コストはチェコが一番高い。

- TPCA は部品購買がプジョーであるため競争入札があるが，青山だけは無条件で TPCA に納入できる特権がある。しかしトヨタは日本材にこだわり，品番が多様なためコスト減にあまり貢献しない。トヨタに守られているが，縛られているというジレンマがある。
- シフトは 6 時 – 14 時，14 時 – 22 時，22 時 – 6 時の 3 シフト，シフト終わる前 30 分でチェコ人は仕事を辞める，これだけで 5％ 生産性が下がる。2 時間で 1 回休憩。
- 本社の商社部門（営業部門）が顧客を探す。
- 問題が生じた場合，チェコ人は文書にするのが好き，TPS ならグラフや表を多用して説明するのが通常，チェコ方式は文書。
- 工場の機械，欧州製特にチェコ製は，納入後のメンテナンスサービスが悪い，購入したら最後という感じで，日本のメーカーならメンテがしっかりしている。
- 現場は 150 人，高卒専門卒，事務系はほとんど大卒，大手日系企業の中には現場従業員のなかに英語を話せるものがいる。
- 昨年の日本人商工会でチェコ従業員のモチベーション ① やりがい，② 給与，③ 通勤距離の順だった。
- 従業員は結婚すると住宅ローンを借りやすいので同棲が少ない，結婚すると転職が少なくなる。子供ができるとさらに安定する⇒生活の安定と日本的経営への適応。
- 200 人程度の工場だとマネージメントは通訳を入れれば日本人でほとんどできてしまうが，それではチェコ人が育たない（2008 年に感じた）。6 名くらいの幹部技術者に技術を伝承しないと成り立たなくなる。それこそが現地化。
- マネージャークラスは英語ができるので，日本ではなくアメリカ工場で研修させる，日本よりもなじみやすい。
- QC サークル，創意工夫，カイゼンなどはアジア，アメリカの工場と同等かそれ以上のレベルである。
- 現地調達 40%，日本 60%　現地調達を増やしたい。欠品率 0＋0.5%。
- 研磨機は日本製が優秀で精度が高い。

2013 年 1 月 24 日　東海理化（チェコ・ロボシチェ）

- 会社概要　2001 年 9 月設立，資本金 9 億 9000 万 CZK，100％日本親会社出資，従業員 818 人（2012 年 12 月末），量産開始 2003 年 12 月，売上高 109 百万ユーロ（117 億円）。

  主な顧客　トヨタグループ，フォード，マジャールスズキ，ボルボ，主要製品はシートベルト，ハンドル横レバーコンビネーション（フォード用），電動ステアリングロック，シフトレバー，ワイヤレススイッチなど，部品から組み立てまで一貫生産を特色としている。
- 2004 年は急速に立ち上げたのでその対応が大変だった，初期品質管理の徹底，特に品質と納期重視。
- 輸送のための高速道路がすぐ横を走り，他の地域より有利と判断した。
- 従業員は 818 人で 100 人減少，2009 年から P 社用シートベルト生産開始。
- 2008 年より売上減少，横ばいが続く，2007 年がピーク。
- 同社 4 事業部の生産，多様化のため日本人スタッフも多くせざるを得ない，13 名から 10 名に減ったが多い，10 名は全員プラハに住んで 2 時間かけて通勤している。日本人幹部は社長，副社長，工場長，生産管理，調達製造，生産部長，生産技術を担当している。
- チェコ進出のきっかけは英国にあるフォードへの調達，英国以外に拠点を考えた，ポーランド，スロヴァキア，チェコの 3 つが候補，インセンティブ，労働者の質，工業団地などが主要決定要因，ウスティかロボシチェが最終 2 候補，インセンティブと交通インフラからロボシチェに決定，英国ではレバーコンビネーションスウィッチ，パワーウィンドウの生産，これは日本からの製品（部品）を英国で組み立ててトヨタグループに納入。
- 2015 年から P 社は新型車を生産開始，品質が良くて少々高いのがトヨタの売りだが，品質そこそこ，デザインが良い車を買うのが欧州の消費者，こうした欧州消費者のテーストをつかみきっていない，対照的にヒュンダイはアウディのデザイナーを引き抜いて車のデザインが良くなった。
- フォードとの取引は手堅いし順調，フォードの生産拠点がドイツにあり，地理的に近いので有利，東海理化の製品をフォードは一括して購入して関連工場にフォードが分配している，フォードの車はやや古いタイプでも中国で売

れているので堅調な顧客となっている。フォードのcカーであるフォーカス用のレバコンスウィッチが売れている。
- 日本からの現地調達，全部品を100としたら日本から20％，現地調達は69％社内生産10％である．タイ，ドイツ，インド，ルーマニア（プラスチック製品），ハンガリー，スロヴァキアなどこれらはほとんど日系の現地法人，これらは現地の日本人スタッフ，ベルギーの技術担当が調査して調達先を広げている．
- 同社は1st tierだが，小型のモジュール製品なので売上高がG社やD社に比べて小さくなる．スズキにもシートベルト，スウィッチを納入しているがここも生産が頭打ち．
- 生産管理の哲学は日本と欧州・韓国と異なる．日本は全製品の完成度を高めようとするが，欧州・韓国は品質が悪ければ取り替える．
- 現場労働者は高卒がほとんど，直接募集してHRが採用する，エンジニアや事務系はエージェントに依頼する．平均在職年数は6年くらい．
- 組合加入率は30％，KOVO　辞める時に組合の書類にサインしている．リストラは在職年数，仕事能力，欠勤，仕事態度などで判断する．
- 転職率は月10名程度最近の最大数．
- 欠勤率は2012年12月長期3％，短期1カ月以内が2％，産休9.2％　やや多い．
2011年11月は長期4.9％，短期3.6％だった．改善した．
- 外国人労働者はウクライナ人6名，ロシア人1-2名，スロヴァキア人10-12名．
- シフトは早番5：30-13：30，遅番13：30-21：30，組付け部門2シフト，2時間に1回休み，ランチ30分，つまり2時間，休み，2時間，食事，2時間，休み，2時間
- 立ち作業は日本人よりチェコ人は疲れる．日本人はじっとして作業するのを好むが，チェコ人は歩きまわる作業を好む．小さなスペースで多機能機械をこなすのがTPSであるが，チェコでは法律で最低$1m^2$の作業スポットを必要とするので，無駄なスペースが多い．

2013 年 1 月 25 日　デンソー（チェコ・リベレッツ）
- 会社概要　社長はチェコ人，設立 2001 年 7 月，リベレッツ市（プラハから 100 キロ，ドイツ，ポーランドとの国境近く），生産品目　カーエアコン，ラジエータ，敷地 257600 m^2，総投資額　120 百万ユーロ，売上 334 百万ユーロ（2011 年度），従業員 1559 人（2011 年度末）。
- 主要取引先　トヨタグループ，マジャールスズキ，VW, AUDI, BMW, SKODA, DAIMLER など。
- 売り上げは，2007 年 286 百万ユーロ，2008 年 243 同，2009 年 250 同，2010 年 270 同，2011 年 334 同。
- 顧客別売上（2011 年）　68％ドイツメーカー，15％日系，15％ D 社グループ。
- 従業員 2002 年立ち上げ 104 人，2003 年 660 人，2004 年 1400 人，2005 年 2006 年 1700 人，2007 年 1750 人，2008 年 1700 人，2009 年 1432 人，2010 年 1412 人，2011 年 1559 人。
- 仕入先　EU 内　53％，チェコ　36％，EU 外　11％　立ち上げ当初より約 90％の現地調達達成。
- 現地化（人事）　社長チェコ人，部長，12 部門中日本人は事業企画・経理，設計，生産管理・物流，製造技術の 4 名，チェコ人 8 名，次長 section manager は 27 名中日本人 7 名，ローカル 20 名　日本人出向者 11 名（2012 年 1 月現在）。
- D 社欧州の考え方，顧客の近郊にて熱交換器（エアコン）の組付を実施，新型熱交換器を中核工場で集中生産，日系・ドイツ系顧客への HVAC の供給拠点，新型熱交換器の集中生産拠点。
- チェコに工場進出理由　①日系，ドイツ系顧客に近い，②伝統的な工業国（質の高い労働力），③低労務費，④整備されたインフラ（特に高速道路）。

著者紹介

池本　修一（いけもと　しゅういち）
1957年生まれ。
（現職）日本大学経済学部教授。
（学歴）早稲田大学政治経済学部経済学科卒業，一橋大学大学院経済学研究科博士後期課程単位修得退学。
（職歴）日本総合研究所調査部研究員，ロシア科学アカデミー中央経済数理研究所客員研究員，ケンブリッジ大学客員研究員。
（主要業績）
『体制移行プロセスとチェコ経済』梓出版（2000年）。
Ikemoto Shuichi, "Corporate Restructuring, Foreign Direct Investment, and Japanese Multinationals in Czech Republic", Bruno Dallago & Ichiro Iwasaki (edit.), *Corporate Restructuring and Governance in Transition Economies*, Palgrave Macmillan (2007).
「チェコの老齢年金制度」（M. Vylitovaとの共著），西村可明編著『移行経済国の年金制度』ミネルヴァ書房（2007年）。
「チェコにおける企業改革と対外直接投資：日系企業を中心に」池本修一・岩崎一郎・杉浦史和編著『グローバリゼーションと体制移行の経済学』文眞堂（2008年）。
「チェコにおけるトヨタ系企業の投資動向とトヨタ生産方式に関する一考察」池本修一・田中宏編著『欧州新興市場国への日系企業の進出：中欧・ロシアの現場から』文眞堂（2014年）。
池本修一・松澤祐介著『チェコ・スロバキア経済図説』東洋書店（2015年）など。

チェコの体制転換プロセスと直接投資

2015年3月31日　第1版第1刷発行　　　　　　　　　　検印省略

　　著　者　池　本　修　一
　　発行者　前　野　　　隆
　　発行所　株式会社　文　眞　堂
　　　　　　東京都新宿区早稲田鶴巻町533
　　　　　　電　話　03(3202)8480
　　　　　　FAX　03(3203)2638
　　　　　　http://www.bunshin-do.co.jp/
　　　　　　〒162-0041　振替00120-2-96437

印刷・製本／真興社
© 2015
定価はカバー裏に表示してあります
ISBN978-4-8309-4862-6　C3033